うつくしい
西洋占星術の世界

12星座とホロスコープに秘められた物語

カルロッタ・サントス　著

シカ・マッケンジー　訳

SE
SHOEISHA

私が幼い頃に

「なぜ絵本を作らないのかい」と

いつも尋ねてくれた

おじいちゃんへ

この本でわかること

この本では西洋占星術の基礎をご紹介しており、
いざというときに知りたい項目を
手軽に振り返ることもできます。出生図とは
どのようなもので、どう解釈すればよいかもわかります。
その他にも、たくさんの情報が詰まっています。
さあ、始めましょう。

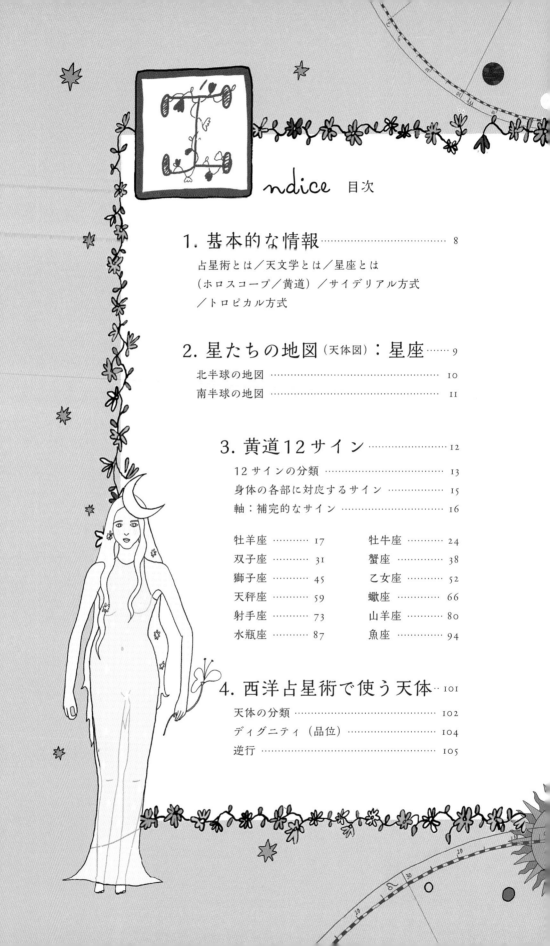

$\mathcal{I}$ndice　目次

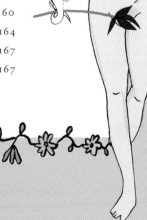

1. 基本的な情報

詳しい話に入る前に、いくつかの点を押さえておきましょう。

占星術とは

宇宙にある星たちを神秘的かつ哲学的、魔術的な視点で論じる学問です。私たちの感覚や関係性のあり方、物事の実現の仕方とを天体と関連づけて考えます。私たちの成長や進化、発展、人類の暮らしや歴史、自然との関わりについても、いかに宇宙の天体のエネルギーに影響を受けているかを考察します。また、「サイン」とは12星座のことです。

天文学とは

科学的・物理的な視点から宇宙の天体を眺める学問です。天文学での結論や発見は、必ずしも占星術に影響を与えるわけではありません。例えば、へびつかい座は紀元2世紀に初めて書物に記録されましたが、西洋占星術で用いる12星座（サインまたは宮と呼ばれる、黄道を12の区画に分割したものです）には含まれません（NASAがへびつかい座を黄道に取り入れて13サインにした、というのはただの噂です）。一方、天王星や海王星、冥王星は発見に伴い西洋占星術に組み込まれ、現代では支配星としてそれぞれ用いられています。

星座とは

神話のキャラクターや動物、物体を抽象的に表す、複数の天体の集まりです。文化によって独自の見方や名づけ方があります。
出生図（ホロスコープ）：生まれた時刻の天体の配置を示した図。その人の全般的な特徴をシンプルに読み解くためにも使われます。天体の配置図であるホロスコープには、実にさまざまなものがあります（エジプト、マヤ、ケルトなど）。中でも、ギリシャで発生した西洋式のホロスコープは広く普及しています。
黄道：天球を12のサイン（宮とも呼ばれます）に分割し、それぞれに星座の名前をつけたもの。帯状であるため「黄道帯」とも呼ばれます。

サイデリアル方式

太陽系の天体の軌道である黄道を捉えた最古のシステムで、見かけの相対位置の変化が少ない恒星を基準としています。星座の中には他より大きなものもあるため、星の動きに従ってときどき修正が必要でした。

トロピカル方式

牡羊座0度を1年の始まりとするシステムです。天球を数学的に12分割するため、修正は必要ありません。本書ではこの方式を使います。

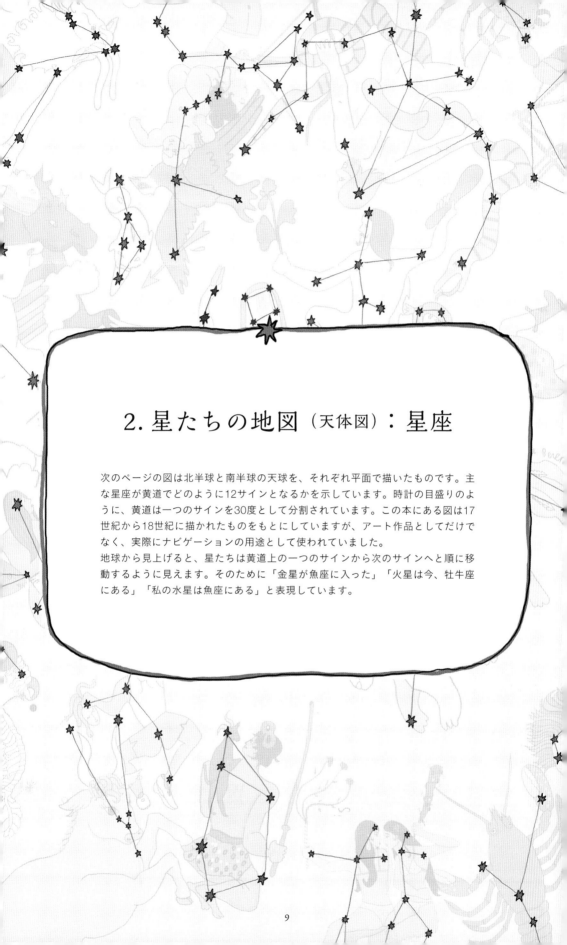

2. 星たちの地図（天体図）：星座

次のページの図は北半球と南半球の天球を、それぞれ平面で描いたものです。主な星座が黄道でどのように12サインとなるかを示しています。時計の目盛りのように、黄道は一つのサインを30度として分割されています。この本にある図は17世紀から18世紀に描かれたものをもとにしていますが、アート作品としてだけでなく、実際にナビゲーションの用途として使われていました。

地球から見上げると、星たちは黄道上の一つのサインから次のサインへと順に移動するように見えます。そのために「金星が魚座に入った」「火星は今、牡牛座にある」「私の水星は魚座にある」と表現しています。

星たちの地図：北半球

プトレマイオス
の天動説
地球を中心と
みなす。

黄道を中心とした帯状
のエリアに12サインがありま
す。この帯と天の赤道が交わる
ところが牡羊座（P.11の右上を
参照）。牡羊座が最初の星座
になるのはこのためです。

コペルニクスの
地動説
太陽の周りを惑星が回り、
地球の周りを
月が回っている。

星たちの地図：南半球

へびつかい座は
蠍座と射手座の間にありま
すが、黄道のサインには含まれ
ません。近年、NASAがへびつかい
座を黄道に含むと決めたという噂が
ありましたが、西洋占星術に変化
を及ぼすまでには至りませんで
した（P.8参照）。

3. 黄道12サイン

黄道12サインだけに的を絞って図にすると、こうなります。
円を12等分していますが、
実際の天球では区画の大小にばらつきがあります。

※訳注：獅子座のマークの右半分が欠けています（原書イラストをそのまま掲載）。
以降、同一イラスト掲載内すべて同じです。

12サインの分類

それぞれのサインには次のような性質があります。
「4．西洋占星術で使う天体」（P.101）では、これらの性質が
天体に与える影響について解説します。

エレメント（火、地、風、水）

火（牡羊座、獅子座、射手座）

火のサインは支配的でパワフル。断固としていて情熱があり、衝動的で短気、強靭でカリスマ性があります。リーダーシップがあり、社交的で熱心に物事にあたります。長所が裏目に出ると、アグレッシブでうぬぼれが強く、傲慢で怒りっぽい特徴が表れます。

地（牡牛座、乙女座、山羊座）

地のサインは安全で安定しており、物質的な面を重視します。実践的で現実的な考え方でクリエイティブな力を発揮します。言葉でなく事実を確かめてから信用します。長所が裏目に出ると頑固で自己中心的、批判的になります。

風（双子座、天秤座、水瓶座）

風のサインはダイナミックで知的、客観的でありクリエイティブです。自由を愛し、社交的で気さくな性格です。長所が裏目に出ると浅はかで冷たく、反抗的でごまかしが多く、優柔不断です。

水（蟹座、蠍座、魚座）

水のサインは感情的でセンチメンタル、共感力に富んでいます。直感が鋭く、物事の本質を見抜く力に長け、スピリチュアルな世界や神秘的な世界に惹かれます。長所が裏目に出ると子どもっぽくて不安定、気が散りやすい特徴が表れます。

2区分（陽と陰）

2区分でそれぞれのサインのグループの
エネルギーを見ると次のようになります。

陽／能動的／男性的

火と風のサイン。これらのサインに天体が位置すると、行動力が増します。

陰／受動的／女性的

地と水のサイン。これらのサインに天体が位置すると、より古風で静的になります。

クオリティの3区分（活動宮、固定宮、柔軟宮）

クオリティとは環境の変化に対するその人の適応の仕方を指し、12星座を4つずつ、3種に分けて「クオリティの3区分」としています。この3区分に注目すれば、出生図の特徴を読み取る助けになるでしょう。同じエレメントでも、クオリティが違えばまったく異なる表現や行動をするかもしれません。サインのクオリティは、その人が行動的で積極的に目標を追い求めるか、変化に直面するのが苦手かどうかに表れます。

活動宮
（牡羊座、蟹座、天秤座、山羊座）

春分や秋分、夏至や冬至など、季節の始まりにあたるサインです。リーダー的な役割を引き受け、特に牡羊座と山羊座は課題や難題にも果敢に立ち向かいます。大胆に、強い意志を見せることもあります。

固定宮
（牡牛座、獅子座、蠍座、水瓶座）

それぞれの季節の最盛期（春、夏、秋、冬）にあたるサインです。活動宮に比べると融通が利かない性質があるため、ルールや枠組みを好みます。タフで頑固で粘り強い性質。変化への対応はあまり得意ではありません。

柔軟宮
（双子座、乙女座、射手座、魚座）

季節の終わりにあたるサインです。変化に対する適応力は高く、意外な変貌をすることもあります。臨機応変で融通が利き、複数の仕事を同時にこなす一方、矛盾を抱えることもあります。責任感に欠ける場合もあるかもしれません。

身体の各部に対応するサイン

中世の時代では、占星術と医学が密接に関係しており、出生図の天体の位置によって、かかりやすい病気が示されると考えられていました。

牡牛座
喉、首、頸椎

蟹座
呼吸器系、胸、肺

蠍座
生殖器、不妊症

射手座
筋骨格系、大腿

魚座
足、神経系

牡羊座
頭、頭蓋、顔

双子座
上肢：両腕と両肩

獅子座
胃、腎臓

乙女座
腹部、腸

天秤座
臀部、血液

山羊座
骨、歯、爪

水瓶座
脛

P.17からは、それぞれのサインとその特徴、サインの星座にまつわる神話、サイン同士の相性などをご紹介します。二人の相性を調べるには、太陽のサインだけでは判断できません。太陽と月、金星、火星の位置も見てみましょう。詳しい解説に入る前に、相互に補完し合うサインについて次のページの説明を見てみましょう。

軸：補完的なサイン

円の中で向かい合うサイン同士で軸ができます。これらのサインは互いに異なる感受性を持ち、補完し合って強い関係を作ります。双子の一人は出生図が示す通りのエネルギー、もう一人はそれとは正反対のエネルギーを持ち、太陽だけでなく他の天体も正反対のサインの性質を補うと言われています（天体についてはP.101～をご覧下さい）。

牡羊座 - 天秤座軸

どちらも満足を求めます。一方は機動力とある種のわがままさ（牡羊座）、もう一方はバランスと調和（天秤座）を与え、共にゴールに到達します。

牡牛座 - 蠍座軸

情念が強くて激しい蠍座と穏やかでどっしりとした牡牛座は、両方とも女性的なサインで固定宮。黙って逆境に立ち向かいます。

双子座 - 射手座軸

どちらも男性的なサインで柔軟宮。開放的で外向的、変化への適応力もあります。射手座は哲学的な思索を、双子座は楽しみと学びを与えます。楽観的な射手座は双子座の視野を広げます。

蟹座 - 山羊座軸

どちらも女性的なサインで活動宮。山羊座は仕事や骨組みや理屈、蟹座は家庭や物質や感情に関するものを与えます。どちらも古風で、安定した関係を求めます。山羊座の現実主義が蟹座に安定感を、蟹座の愛情が山羊座の承認欲求を満たします。

獅子座 - 水瓶座軸

どちらも男性的なサインで固定宮。外向的で朗らか。獅子座は個人主義、水瓶座は（風のサインとして）全体や人道主義に意識を向けます。共に理想を掲げ、意識しなくても目立つ存在。力を合わせて大きな変化を巻き起こします。

乙女座 - 魚座軸

どちらも女性的なサインで柔軟宮。乙女座は現実的で勤勉、魚座は夢見がちで感情的。人に尽くし、思いやりがある面が共通しています。乙女座は魚座が地に足をつけるように助け、魚座は乙女座に物質や理屈を超えた視点を与えます。

牡羊座
3月21日〜4月19日

支配星：火星

エレメント：火

3区分：活動宮
2区分：陽、
　　　　男性的

第1ハウス：
個人、
自己イメージ

あなたの出生図で太陽か他の天体が牡羊座にあれば、活力が高くて熱心な牡羊座の性質に注目してみて下さい。議論が好きで、頑固でアグレッシブな一面もあるかもしれません（自分では「そんなことはない」と否定したくなるかもしれませんが）。

牡羊座は黄道の最初のサインですから、その役割を覚えるのは簡単です。つまり、牡羊座はリーダー。いつ、どのように、なぜそのことをするのかはっきりしていて、完璧に運ぶよう指示するのを楽しみます。自分よりも動きが遅い人や、静かな人との交渉が必要になると、牡羊座の性急さが問題を引き起こすかもしれません。

嫉妬や独占欲もありますが、自信にあふれる様子は華やかで、カリスマ性があります。

牡羊座

火のリイン、活動宮、男性的

3月21日～4月19日

美点
天性のリーダー、自信、楽観的、率直、活力に溢れる、積極的
気力がある、気前がよく言動一致
怒っても、その怒りを長引かせない
大胆であり、自分を守る術も知っている
勇敢、社交的、愛想がよい

課題
かっとしやすく衝動的、自制心の欠如、偉そうな態度
他人に指図されるのが嫌い
率直なため、人から無神経だと思われる
小言を言いがち、リスクが高いものに手を出す
わがままで物質主義的、短気

星座

牡羊座は魚座（西側）と牡牛座（東側）の間にあります。近くには他にペルセウス座、さんかく座、くじら座などがあります（P.10～11の天体図を参照）。
牡羊座で最も明るい恒星はα星（アリエティス）で、それに続いてβ星（シェラタン）、γ星（メサルティム）、δ星（ボタイン）があります。名前は古代インドのサンスクリット語とアラビア語が由来です。アリエティスはアラビア語で「羊の頭」を意味するハマルとも呼ばれます。

牡羊座の支配星：火星

火星は牡羊座の支配星です。火星はローマ神話の軍神マルスと同一視されています。
活発な性エネルギーや暴力、衝動性も表し、そうした特徴がサインにもある程度反映されます。
牡羊座では金星がデトリメント（障害）、太陽がイグザルテーション（高揚）、土星がフォール（転落）となります。詳しい解説は「4.西洋占星術で使う天体」（P.101）をご覧下さい。

牡羊座のエネルギーを扱うには

あなたの太陽や他の惑星が牡羊座にあれば（P.101「4.西洋占星術で使う天体」をご覧下さい）何らかの特徴が当てはまるでしょう。牡羊座の激しく情熱的なエネルギー

がどのように活かせるかを探ってみましょう。

全般的に、牡羊座は他者に対する忍耐や寛容さを養い、一貫性を培うことが課題です。エネルギーに満ちていますから、スポーツなどで身体を動かすと、アグレッシブな側面をポジティブな目標に向かわせて発散できます。パートナーに対して支配的になる傾向もあります。これは必ずしも悪いこととは限りませんが、相手の気持ちを傷つけない配慮も必要です。自分のサインが牡羊座で、この内容が当てはまらないと感じる場合は出生図（P.154）で他のサインの特徴から受けるエネルギーのタイプを見てみましょう。牡羊座に火星があれば非常にパワフルで、性に対しても積極的です。リスクの高い恋愛関係に衝動的に飛び込む傾向もあります。

牡羊座の守護石と花とラッキーカラー

牡羊座はエネルギッシュで意志が強いサインです。そのエネルギーを余すことなく活かすために、守護石は、衝動を緩和して落ち着いて決断することや、ポジティブな性質を高める効果のあるものが最適です。

名称	種類		働き
ルビー	赤い宝石		所有欲にバランスを与えてくれます。気分が高まり、エネルギーのバランスも整います。
アメジスト	ラベンダーまたは赤い宝石		心を穏やかにして、不満や怒りを鎮めます。
レッドジャスパー	赤い半貴石		ネガティブなエネルギーから身を守り、忍耐力と意志の力を高めます。
ダイヤモンド	透明な宝石		牡羊座のラッキーストーン。生来の輝きを高め、パワーを象徴的に表します。
チューリップ	花		友情の象徴。やる気とエネルギーを高めます。赤いチューリップがお薦めです。
赤	色		牡羊座のラッキーカラー。気分が落ち込んだときは、赤いリボンや衣服が効果的です。赤は牡羊座の支配星である火星を表します。

サインを表す
タロットカード　皇帝

それぞれのサインには、その性質を象徴
するタロットカードがあります。牡羊座
を表すのは「皇帝」です。皇帝のカード
は権力と力強さ、権限を持つ優れた人を
表します。その真質が暴力や権力の濫用
などネガティブな形で表れている場合
も、このカードの意味と関連します。

牡羊座の著名人：クエンティン・タラン
ティーノ、マライア・キャリー、ラ・ゾ
ウィ、ロバート・ダウニーJr.、レディ・
ガガ

牡羊座に忍耐力をもたらし、
良運を引き寄せるおまじない

用意するもの

- 3本の黄色いキャンドル
- 1個のアメジスト
- 白い布
- マッチ

方法

誕生日の前日にキャンドルを立てて三角形に配置し、中央にア
メジストを置きます。達成したい目標をすべて思い浮かべてキャ
ンドルに火を灯し、燃え尽きるまでそのままにします。誕生日が
きたらアメジストを白い布でくるみ、10日間持ち歩きます。

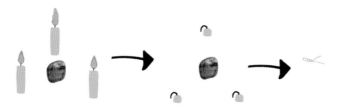

※訳注：「皇帝」のタロットカードに数字の「2」とありますが
（原書イラストをそのまま掲載）、正しくは「4」です。

牡羊座との相性

太陽のサインだけでなく、月や金星、
火星のサインでも見てみましょう。

＋（相手も）牡羊座
♥♥♥♥♥♥♥♥♥♥

お互いに、はっきりした性格
や短気なところが衝突を生む
ことも。でも、セクシャルな
面やメンタル面の相性はぴっ
たりです。

＋獅子座
♥♥♥♥♥♥♥♥♥♥

12サインの中でトップレベ
ルの好相性。お互いのことを
守り、モチベーションを高め
合えるため、二人でいれば無
敵になれるでしょう。

＋射手座
♥♥♥♥♥♥♥♥♥♡

射手座のほうが気楽で独立心
旺盛ですが、エネルギーの面
では同調しやすい二人。情熱
的でダイナミックに、楽しい
時間が持てるでしょう。

＋天秤座
♥♥♥♥♥♥♥♥♡♡

天秤座は牡羊座にバランス感
覚を与え、牡羊座は天秤座
に意志の強さを与えます。二
人とも物質主義的な面があり、
共依存に注意。

＋水瓶座
♥♥♥♥♥♥♡♡♡♡

会えば楽しめますが、束縛を
嫌う水瓶座に嫉妬や不安を感
じるかもしれません。惹かれ
ても、複雑な心境になりがち
です。

＋双子座
♥♥♥♥♥♥♥♥♥♡

強く惹かれ合う相性です。双
子座の話術と牡羊座の自信が
相手を魅了します。未来の展
望が読めず、お互いに疲れる
ときもあるかもしれません。

＋魚座
♥♥♥♥♥♥♥♡♡♡

惹かれ合っていても、牡羊座
が魚座を支配する傾向があ
ります。魚座は自分を見失い、
パワフルな性格の牡羊座に
従ってしまうかもしれません。

＋蠍座
♥♥♥♥♥♥♡♡♡♡

どちらも激しい性質です。肉
体面の相性はよい一方、蠍座
は牡羊座を軽率だと感じ、牡
羊座は蠍座を少し奇妙で悲観
的だと感じます。

＋蟹座
♥♥♥♥♥♡♡♡♡♡

繊細な蟹座にとって、牡羊座
はぶっきらぼうに見え、関係
はなかなか進展しません。お
互いに相手を理解する努力が
必要です。

＋牡牛座
♥♥♥♥♥♥♥♡♡♡

物事を早く進めたがる牡羊座
を、牡牛座は強引だと感じま
す。どちらも頑固ですが、共
通の楽しみがあれば仲良くな
れる可能性もあります。

＋乙女座
♥♥♥♥♥♥♥♡♡♡

物事を緻密に分析しようとす
る乙女座と、活動的で衝動的
な牡羊座は相容れません。理
解し合うためには相当の努力
を要します。

＋山羊座
♥♥♥♥♥♡♡♡♡♡

山羊座の冷静さが牡羊座の情
熱と衝突。複雑な相性を機能
させるには、やはり努力や工
夫が必要となるでしょう。

黄金の羊毛

牡羊座が表す羊は、特にギリシャ神話の「黄金の羊毛」と関わりがあります。羊が登場する物語は他にもありますが、星座が生まれた経緯を伝える話と、イアソンとアルゴナウタイの物語が最も重要です。

一つめの話は、こうです。アタマス王は最初の妻ネペレとの間に二人の子、プリクソスとヘレの兄妹を授かりました。ネペレの死後、王はイノを後妻に迎えました。イノは残忍な女で、先妻の子ども二人を殺して我が子に王国を継がせようと企みました。しかし、その陰謀の一部始終を見ていたヘルメス神（ゼウスという説もあります）は、兄妹を不憫に思って魔法の翼をもつ羊を送り、二人を助けてやろうとしました。羊は兄妹を乗せて新天地へと飛び立ちましたが、ヘレは海に落ちて亡くなってしまいました。悲しみに暮れたプリクソスは空飛ぶ羊の力を疑うようになり自分の足で歩いて逃避行を続けました。そしてアイエテス王の領地、聖なるアレスの森にたどり着いたのです。王に歓迎されたプリクソスは、お礼として（または、羊に嫌気がさしていたので）羊を生贄として捧げ、樫の木に吊るしました。神々は、羊が使命を果たし終えたのを見て（兄妹のうちの一人が死んでしまったことは不問とし）、この羊を永遠に記憶にとどめることができるよう、天空の星座に姿を変えてやりました。

二つめの物語は、それより少し後のことです。イオルコスのアイソン王は息子イアソンを授かりました。イアソンは正当な王位継承者でしたが、父の異父兄弟ペリアスに王位を奪われました。ペリアスは神託で「お前は王位を奪った報いとして、兄弟の誰かの子孫に復讐されるだろう」と告げられます。それはイアソンのことだとペリアスは知っていたため、彼はイアソンに到底実行できない命令を下しました。それは、黄金の羊毛を手に入れることです。言われたとおり、イアソンは黄金の羊毛を求めて旅に出ました。巨大な船、アルゴー号に乗り込んだのです。イアソンとアルゴー号の一行、アルゴナウタイの冒険の物語は神話の中でもよく知られています。

使命を果たすために、イアソンはギリシャの偉大な英雄ヘラクレスやオルペウスなど、屈強な戦士を集めました。各地でさまざまな事件に遭遇しながら長旅を続けた一行は、ついに、アイエテス王が黄金の羊毛をくれるという、コルキスの地に着きました。条件として、王はイアソンに難題を与えました。火を吹く二頭の牡牛を使って土地を耕し、種の代わりに竜の歯を蒔けというのです。実は、王は密かに兵を用意しており、イアソンが竜の歯を蒔くときを見計らっ

て襲撃する算段でした。

　アイエテス王の娘メデイアはイアソンと恋に落ちていました。彼女は魔法の塗り薬を愛するイアソンに与え、父の策

略を伝えました。見事イアソンは竜を倒して黄金の羊毛を手に入れ、メデイアと共に逃げました。幾多の苦難を乗り越え、二人はペリアスの王国に帰還。物語はハッピーエンドで終わります。

牡羊座〜牡牛座のカスプ　4月19日〜4月25日

牡羊座の季節

4月19日
4月25日

牡牛座の季節

魚座　水
柔軟宮　陸

牡羊座　火 △
活動宮　陽

牡牛座 ♉
固定宮　陰

サインの変わり目の前後に生まれた人々はカスプに該当します。この図で示す角度の範囲に誕生日がある場合は、前後のサインの性質を帯びる可能性があります。出生図の他の部分の状態によって、自分の特徴が太陽のサインによく当てはまっているか、他のサインのほうに近いか、感じ方がさまざまに分かれます。

牡羊座〜牡牛座のカスプに生まれた人は、牡羊座の意欲と牡牛座の粘り強さをあわせ持ちます。得意分野で先駆者的なアイデアを得てイニシアチブを取り、起業家精神が発揮できます。また、初心のときの熱意を失うことなく、物事に長期的に取り組めます。

牡羊座の元気いっぱいな性質の下に、牡牛座のどっしりしたトーンが重なります。牡羊座の怒りっぽさが牡牛座の頑固さにつながれば、融通の利かない短気な性格になるでしょう。義理堅く、守ってくれる一面もあります。

牡牛座

4月20日〜5月20日

支配星：金星

エレメント：地

3区分：固定宮
2区分：陰、
　　　女性的

第2ハウス：
物質主義、知性、
才能、技術

あなたの出生図で太陽か他の天体が牡牛座にあれば、ゆるぎのなさや粘り強さ、穏やかさといった性質に注目してみて下さい。支配星が金星であるため、牡牛座の女性はとても魅力的です。また、牡牛座の人たちには美的感覚も備わっており、整った環境で快適に暮らすことを好みます。地のサイン（全般的に真面目で責任感がある）は安定を求め、人間関係も落ち着いていて誠実です。地のサインの中でも、牡牛座は最ものんびりしており、楽しいことが大好き。物質主義的で頑固な一面もあります。物を所有することに安定を見出し、目標ができると着実に進みますが、好みでないことに対しては怠けがち。「牡牛座は食べて寝るのが好き」とよく言われますが、それはこのサインの物静かで温和な性質を例えた表現なのでしょう。

牡牛座
地のサイン、固定宮、女性的
4月20日〜5月20日

美点
我慢強い、親しみやすい、もの静か、頼りになる
持続力、真面目、忠実、冷静に決断できる
現実的、思慮深い、実践的、家庭的、堅実

課題
不寛容、頑固、高すぎる自尊心、決断に時間がかかる
受け身、物質主義的、率先して物事をしない
意固地になり、考え方を変えようとしない

星座

牡牛座で最も明るい恒星はアルデバランです。その存在は古代から知られていましたが、アラビア語の名前の意味は「後からついてくるもの」。プレアデス星団の後を追っているように見えます。アルデバランは黄道に非常に近く、定期的に、しばしば月と重なります。牡牛座のβ星とζ星が牛の角を形づくっています。

牡牛座の支配星：金星

金星はローマ神話の愛と美の女神ヴィーナスと同一視され、美的感覚やロマンティックな魅力と関連します。金星を支配星に持つ牡牛座は女性的なサインであり、牡牛座の女性はたいてい官能的で魅力があり、高級なものを好みます。デザインや装飾、ファッションは牡牛座に向く分野です。また、守られていないものを気遣う性質もあるため、看護や介護、医療の分野にも適性があります。動物や子どもを愛する傾向もあります。ギリシャ神話では金星をアフロディテと同一視します。この女神の名前は「歓びと楽しみを与える」媚薬に由来しています。火星は牡牛座でデトリメント（障害）、月はイグザルテーション（高揚）、天王星はフォール（転落）となります。詳しい解説は「4.西洋占星術で使う天体」（P.101）をご覧下さい。

牡牛座のエネルギーを扱うには

あなたの太陽か他の惑星が牡牛座にあれば（P.101「4.西洋占星術で使う天体」をご覧下さい）何らかの特徴が当てはまるでしょう。牡牛座の安定的で静かなエネルギーがどのように活かせるかを探ってみましょう。

全般的に、生涯にわたって、牡牛座の人々は他の人々に対する寛容さを養い、頑固さや自尊心を抑えるための学びが求められます。自分のあり方を変えるのではなく、潜在的な能力を存分に開花させるために、柔軟性を培うことです。牡牛座にとっては、家の掃除や不用品の片付けが大切です。牡牛座は持ち物をどんどん増やしがちですから、さらによいものを見出すために、役に立たなくなったものを処分するとよいのです。気持ちの整理をし、捨てるものを決めたら、その物品がかつて果たしていた役割を振り返り、手放して下さい。

牡牛座の守護石と花とラッキーカラー

牡牛座は穏やかでのんびりしたサインです。安全と物質的な繁栄を招く石に加えて、幸福をもたらさない状況や人、物を手放すための守護石も役立ちます。

名称	種類		働き
ラピスラズリ	青い半貴石		牡牛座の精神性と、自らの神聖さと神聖な目的意識を深めます。
ブルートルマリン	青い半貴石		直感とすばやく決断する力、ならびに精神性を高めます。
エメラルド	緑の宝石		愛と理解、共感、忍耐力を強化します。
ピンククオーツ	ピンクの半貴石		愛の女神ヴィーナスと牡牛座の支配星、金星に関する石です。優しさを高めてくれます。
ヒナギク	花		調和の花です。しなやかさと優しさをもたらしてくれるでしょう。
ピンク	色		牡牛座のラッキーカラー。悲しいときや誤解されたときはピンクの服やアクセサリーを。調和とやさしさ、バランスが得られます。

サインを表す
タロットカード　　教皇

それぞれのサインには、その性質を象徴
するタロットカードがあります。牡牛座
を表すのは「教皇」です。牡牛座は伝統
や客観性、静けさ、安定した物や人物な
どと関わりがあります。ちょうどこのカ
ードが表すものと同じです。

牡牛座の著名人：ジェシカ・アルバ、ミ
ーガン・フォックス、トラヴィス・スコッ
ト、ジジ・ハディッド、ロバート・パティ
ンソン、シェール、ペネロペ・クルス

★ 牡牛座に富と繁栄をもたらす
おまじない ★

用意するもの

- シルバーの鎖
- 1本のグリーンのキャンドル
- 1本の白いキャンドル
- 1本の白いバラ

方法

誕生日の前日に鎖を円の形に置きます。その円の中心に白いバ
ラを置き、両脇にキャンドルを立てて火を灯し、「幸運の女神
様、私を照らしてお金と幸運を授けて下さい」と唱えます。キ
ャンドルが燃え尽きたらおまじないは完了です。

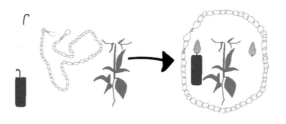

牡牛座との相性

太陽のサインだけでなく、月や金星、
火星のサインでも見てみましょう。

＋（相手も）牡牛座

♥♥♥♥♥♥♥♡♡

牡牛座のパートナーは静かで誠実ですが融通が利かない面があります。頑固で、自分のルーティンから抜け出せないのかもしれません（その安定感が好きでもあります）。

＋乙女座

♥♥♥♥♥♥♥♥♡

地のサイン同士でリラックスできる相性。楽しみたい牡牛座に対して、細かいことを考える傾向は乙女座がやや上。気楽さと活発さを与え合うことができるでしょう。

＋山羊座

♥♥♥♥♥♥♥♥♡

山羊座のほうが野心的ながら、伝統や安定への価値観がお互いに似ています。山羊座の意欲と牡牛座の不動の精神は、とてもよい相性です。

＋蠍座

♥♥♥♥♥♥♡♥♡

深い感情を一途に向けてくれる相手に安心感を感じます。神秘的で感受性が強い蠍座ですが、情熱的で長続きする愛情関係が築けるかもしれません。

＋魚座

♥♥♥♥♥♥♥♡♡

感受性が強い魚座と安定した牡牛座は、互いにないものを補い合えます。心が揺れやすい魚座に対し、牡牛座の気分は一定。魚座の優しさに、どうしようもなく惹かれてしまうかもしれません。

＋蟹座

♥♥♥♥♥♥♥♡♡

気分が変わりやすい蟹座の一面を、安定した牡牛座がうまく対処できそう。実は蟹座も愛情深く、自分と同じように人生を楽しもうとしていることがわかるからです。

＋天秤座

♥♥♥♥♡♡♡♡♡

どちらのサインも守護星は金星。ひらめきや調和、美を与え合います。ただし天秤座のほうが目移りすると、牡牛座は自分の気持ちを無視されたように感じる可能性があります。

＋双子座

♥♥♥♡♡♡♡♡♡

すばやく自分の考えを口にし、臨機応変な双子座に、古風でのんびりした牡牛座が混乱させられそう。双方の努力と気配りが求められる相性です。

＋水瓶座

♥♥♥♡♡♡♡♡♡

信頼できる牡牛座に水瓶座は魅力を感じるものの、求めるものが大きく異なる二人。自立して変化していく水瓶座に対し、牡牛座は心の安定を優先させます。

＋牡羊座

♥♥♡♡♡♡♡♡♡

どちらも頑固で融通が利かず、難しい関係。衝動的に行動する牡羊座と、衝動では行動しない牡牛座は、互いのことが理解できないかもしれません。

＋獅子座

♥♥♡♡♡♡♡♡♡

最初は獅子座のカリスマ性に惹かれても、注目を浴びて思うままにふるまう獅子座が理解できなくなる可能性があります。仕事ではポジティブな関係が築けるでしょう。

＋射手座

♥♥♡♡♡♡♡♡♡

じっとしていられない射手座は思慮深くゆったりした牡牛座と正反対。関係づくりのためには相手を尊重し、時間や距離をおくことが双方に求められます。

エウロパの誘拐

ギリシャ神話の神ゼウスがたいへんなプレイボーイであることは有名です。彼は人間の女性を気に入ると、いとも簡単に誘拐して襲い、何事もなかったかのように次の女性へと向かいます。そんなゼウスが夢中になった女性の一人がエウロパです。もちろん彼女はたいそう美しく、ごく普通の乙女と同じように野原で花を摘むのが好きでした。ある日、他の乙女たちと一緒に野原を歩いていたエウロパは、ゼウスに遭遇しました。そのとき、ゼウスは白い牡牛に変身していたのです。エウロパは牡牛を見て（色恋に目がない神だとは知らず）歩み寄り、優しく撫でて、牡牛の美しさに感動しました。花輪を作って首にかけてやると、牡牛はとてもおとなしかったので、エウロパはその背に乗ってみました。牡牛に化けたゼウスはその瞬間を待ち構えていたのでしょう。どっと駆け出し、彼女をクレタ島へ連れ去ったのです。彼女に恋心を伝え、悪気はないことを知らせようとして、ゼウスは白い牡牛の形の星座を天空に作ってみせました。エウロパを騙して誘拐するための策略は、ゼウスにとって最高にロマンティックなものに思えていたに違いありません。これが牡牛座の由来であり、牡羊座と双子座の間に位置することになりました。エウロパはクレタ島の王に歓迎され、後にその王の妻となり、

三人の子どもはゼウスの養子となりました。この神話の最古の記録は『イーリアス』とヘシオドスの『名婦列伝』にあります。もう少し穏やかなバージョンとして、ゼウスはエウロパを誘拐後、クレタ島で真の姿を明かして和解し、二人は結ばれたという説もあります。ゼウスはエウロパに、出会いを記念した贈り物として、ヘパイストス（鍛冶の神）が作った首飾りと、銅製のタロスと呼ばれる自動人形、どんな獲物も逃がさない猟犬レラプス、狙いをけっして外さない槍を与えたと言われます。エウロパの誘拐はティツィアーノ、ルーベンス、レンブラント、ピカソなど、多くの芸術家の作品にもなっています。

クレタ島の牡牛

牡牛にまつわる神話は他にもあります。その一つが「ヘラクレスの12の試練」に描かれた「ミノタウロスとクレタ島の牡牛」です。クレタ島のミノス王は自らの力を示すために、捧げ物にする牛がほしいと言いました。そこでポセイドンは海の中から立派な牡牛を出してやりました。その牡牛の美しさに感心したミノス王は、牡牛を生贄として捧げず取っておくことにしたのです。約束を破られたポセイドンは激怒しました。ポセイドンは報復として、ミノス王の妻パシパエが牡牛に恋をするよう仕向けまし

た。数か月後、王妃は奇妙な姿をした赤ん坊を産みました。これが半人半牛のミノタウロスです。ミノス王は驚愕し、ミノタウロスを閉じ込めて隠しました（その後、ミノタウロスに何が起きたかはまた別の物語です）。ポセイドンの牡牛は有名です。巨大で美しいだけでなく、強靭で荒々しく、誰も手なすけることができませんでした。結局、ヘラクレスが

この牡牛をつかまえ、クレタ島から連れ出しました。彼は神々に牡牛を捧げようとしましたが、受け取る神はいませんでした。途方に暮れたヘラクレスは牡牛を放してやりました。すると牡牛は暴れ狂い、英雄テセウスに倒されるまで、いろいろな都市を破壊して回ったということです。

牡牛座〜双子座のカスプ　5月17日〜5月23日

サインの変わり目の前後に生まれた人々はカスプに該当します。この図で示す角度の範囲に誕生日がある場合は、前後のサインの性質を帯びる可能性があります。出生図の他の部分の状態によって、自分の特徴が太陽のサインによく当てはまっているか、他のサインのほうに近いか、感じ方がさまざまに分かれます。

牡牛座〜双子座のカスプに生まれた人は、牡牛座の持続力と双子座の好奇心をあわせ持ちます。牡牛座らしく真面目で落ち着いており、信頼できる人に見える一方、新奇なアイデアを思いついて人々を驚かせることも多いでしょう。これは風のサインの双子座の特徴です。

信頼を大切にする反面、自分だけの時間を好きなように過ごしたい欲求もあるため、パートナーを困惑させる可能性もあります。

双子座
5月21日〜6月21日

支配星：水星

エレメント：風

3区分：柔軟宮
2区分：陽、
　　　　男性的

第3ハウス：
コミュニケーション、
幼少期、家族

あなたの出生図で太陽か他の天体が双子座にあれば、最も特徴的な性質はコミュニケーション力や適応力、創造力に表れます。双子座の人々は革新的な解決策を見つける能力に秀でており、それをうまく伝えることができます。気さくでオープンな態度で、常に新しいことを学ぼうとします。二面性を持つサインですから、積極的に人と関わるだけでなく、独立して一人でいることも求める深い側面も持ち合わせます。風のサインは総じて外向的であり、中でも双子座は最も知的だと言えるかもしれません。文章を書いたり話をしたりするのがうまく、コメディアンにも向いています。ユーモアのセンスがあり、話すことを楽しみます。自立心に富み、パートナーには自分の自由を尊重してもらえることを理想とするでしょう。行動を制限せず、常に新しい話題を提供し、双子座の突飛なアイデアについていける感性を相手にも求めます。

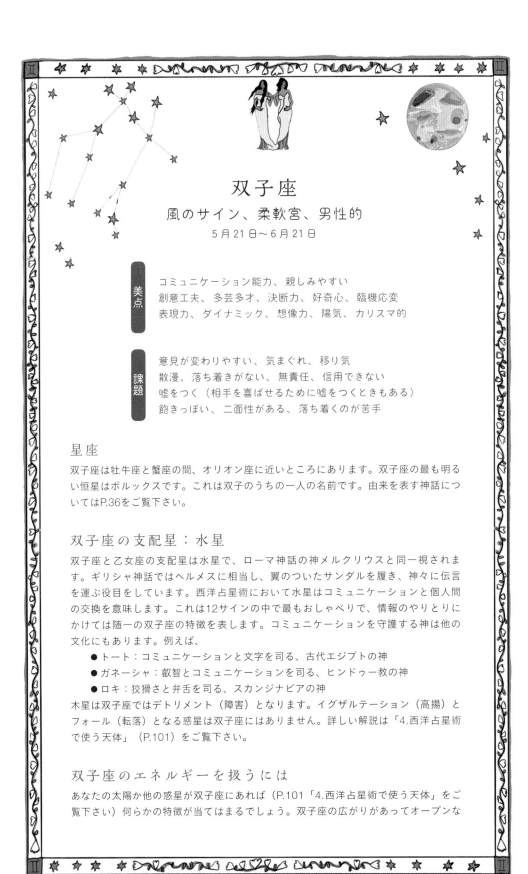

双子座
風のサイン、柔軟宮、男性的
5月21日〜6月21日

美点
コミュニケーション能力、親しみやすい
創意工夫、多芸多才、決断力、好奇心、臨機応変
表現力、ダイナミック、想像力、陽気、カリスマ的

課題
意見が変わりやすい、気まぐれ、移り気
散漫、落ち着きがない、無責任、信用できない
嘘をつく（相手を喜ばせるために嘘をつくときもある）
飽きっぽい、二面性がある、落ち着くのが苦手

星座

双子座は牡牛座と蟹座の間、オリオン座に近いところにあります。双子座の最も明るい恒星はポルックスです。これは双子のうちの一人の名前です。由来を表す神話についてはP.36をご覧下さい。

双子座の支配星：水星

双子座と乙女座の支配星は水星で、ローマ神話の神メルクリウスと同一視されます。ギリシャ神話ではヘルメスに相当し、翼のついたサンダルを履き、神々に伝言を運ぶ役目をしています。西洋占星術において水星はコミュニケーションと個人間の交換を意味します。これは12サインの中で最もおしゃべりで、情報のやりとりにかけては随一の双子座の特徴を表します。コミュニケーションを守護する神は他の文化にもあります。例えば、

- トート：コミュニケーションと文字を司る、古代エジプトの神
- ガネーシャ：叡智とコミュニケーションを司る、ヒンドゥー教の神
- ロキ：狡猾さと弁舌を司る、スカンジナビアの神

木星は双子座ではデトリメント（障害）となります。イグザルテーション（高揚）とフォール（転落）となる惑星は双子座にはありません。詳しい解説は「4.西洋占星術で使う天体」（P.101）をご覧下さい。

双子座のエネルギーを扱うには

あなたの太陽か他の惑星が双子座にあれば（P.101「4.西洋占星術で使う天体」をご覧下さい）何らかの特徴が当てはまるでしょう。双子座の広がりがあってオープンな

エネルギーがどのように活かせるかを探ってみましょう。

全般的に、双子座は自らの創造性を最大限に開花させるために持続性を得ることが求められます。コミュニケーションがうまくて魅力的ですが、共感力を養い、人との関わり方を見直す必要が出てくるでしょう。水や地のエレメントに天体が位置していなければコミットメントを恐れ、パートナーが新しい刺激や楽しいシチュエーションを与えてくれなくなると飽きてしまいます。もしもあなたが双子座で、そうした特徴に当てはまらないと感じる場合は出生図（P.154）で他のサインが双子座とは異なるエネルギーをもたらしているかどうかを見て下さい。例えば、牡牛座に月がある場合は月が静かで穏やかな状態ですから、コミットメントを恐れる傾向は打ち消され，落ち着いた交際を求める性質が加わります。水星が双子座にあれば、非常にパワフルな力を持ちます。優れた話術と創造力を得るでしょう。

双子座の守護石と花とラッキーカラー

双子座の人々は広くいろいろなものに意識を向け、クリエイティブです。創造力をさらに高めると同時に、集中力と忍耐力をもたらす守護石が最適です。

名称	種類		働き
オパール	青い半貴石		双子座の二面性を表す石。二つの性質を統合して落ち着かせます。
トパーズ	黄色い宝石		創造力を呼び起こし、感情のバランスをもたらして幸運を引き寄せます。
ベリル	緑の半貴石		知性に関連。決断をするときの瞑想とリラクゼーションに最適です。
アクアマリン	青緑色の半貴石		双子座のラッキーストーン。双子座の魅力と合理性を高めてくれます。
バラ	花		棘と美しさ。双子座のような二面性があります。
黄色	色		双子座のラッキーカラー。知性や思考、集中力と関連。双子座の創造的なプロジェクトを後押ししてくれます。

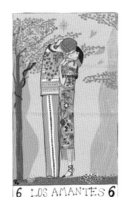

6 LOS AMANTES 6

　恋人

それぞれのサインには、その性質を象徴
するタロットカードがあります。双子座
を表すのは「恋人」です。恋人のカード
は恋愛関係だけでなく、一般的な人間関
係やビジネス上の取り引きなども当ては
まります。

双子座の著名人：フェデリコ・ガルシー
ア・ロルカ、アンジェリーナ・ジョ
リー、ヘレナ・ボナム・カーター、ナオ
ミ・キャンベル、マリリン・モンロー、
スティーヴィー・ニックス

 双子座が目標に向かって
進むためのおまじない

用意するもの

- 鉛筆
- 紙

方法

双子座が持つコミュニケーションの能力を呼び起こすため、誕
生日の前日に自分に宛てて手紙を書きます。あなたの長所と目
標、そして将来こうなりたいと思うビジョンを書きましょう。
その紙を枕の下に置いておき、気持ちが落ち込んだときや目標
を見失いそうになるときに読み返します。

双子座との相性

太陽のサインだけでなく、月や金星、
火星のサインでも見てみましょう。

＋（相手も）双子座

♥♥♥♥♡♡♥♥♥♥

一緒にいると楽しくて飽きない相性です。気が変わりやすいところがあるため正式な関係とはなりにくいかもしれませんが、笑いが絶えないことは確かでしょう。

＋水瓶座

♥♥♥♥♥♥♥♥♥♡

知性の面で相性がよく、互いにちょうどよい距離感が保てます。水瓶座の人道主義的な価値観が双子座の視野を広げてくれそうです。

＋天秤座

♥♥♥♥♥♥♥♥♡♡

双子座にとって天秤座は繊細で依存的に見えるかもしれませんが、実は、喜ばせる努力とリスペクトを惜しみません。趣味が合い、会話も弾む二人です。

＋射手座

♥♥♥♥♥♥♥♥♥♡

抜群の相性です。どちらも自由を求めます。射手座は双子座の視野を広げ、新しい関心事や趣味を見つけるきっかけを与えます。きっと冒険ができるでしょう。

＋獅子座

♥♥♥♥♥♥♥♥♡♡

双方ともに惹かれ合いますが、どちらも個人主義的な側面を持っています。双子座にとって、どこか自分勝手で見栄っ張りに見えそうな獅子座ですが、うらやましい存在でもあります。

＋牡羊座

♥♥♥♥♥♥♥♡♡♡

どちらも外出や社交が好きで、強く惹かれ合います。牡羊座がやきもちを焼いて怒りを爆発させると要注意。双子座は途方に暮れ、閉じ込められたように感じてしまいます。

＋魚座

♥♥♥♥♥♡♥♡♡♡

感性が豊かで夢見がちな魚座は双子座を触発しますが、一貫性の面ではどちらもいまひとつ。双子座のなにげない行動に魚座が傷つくこともありそうです。

＋蠍座

♥♥♥♥♡♡♡♡♡♡

複雑な相性です。双子座は蠍座が求める安心感を与えないため、蠍座が独占欲をむき出しにするときもありそう。双子座は圧倒されてしまうかもしれません。

＋蟹座

♥♥♥♥♡♡♥♡♡♡

蟹座が安全な家庭で守られることを好む一方、双子座は変化や冒険を関係に求めます。折り合いをつけるには、なかなか大変な組み合わせと言えそうです。

＋乙女座

♥♥♥♥♥♡♥♡♡♡

地道に秩序に従う乙女座に対して、双子座の躍動的な資質は正反対。共に支配星は同じですが、双子座よりも乙女座のほうが分析的で落ち着いています。

＋山羊座

♥♥♥♥♡♡♡♡♡♡

初めは魅力を感じても、安定や堅実さを求める山羊座は双子座にとって、ゆくゆくは退屈になりがち。友人関係としてなら良好な組み合わせです。

＋牡牛座

♥♥♥♥♡♡♡♡♡♡

双子座にとって牡牛座は決断に時間がかかる退屈な存在に見えそうです。牡牛座の頑固さと双子座の変化を求め続ける性質が衝突すれば、関係は困難になりそうです。

双子座にまつわる神話

カストルとポルックス

　この神話にはいくつかのバージョンがあり、中には矛盾するものもあります。ここでは最も広く伝えられている物語をご紹介しましょう。

　王妃レダはスパルタの王ティンダレウスの妻でした。夫婦は深く愛し合っていました。美しいレダに、女好きのゼウスは当然のごとく目をつけました。しかし、たとえゼウスがオリュムポスの最高神でも彼女は相手にしてくれないでしょう。そこでゼウスはいつものように策を練りました。白鳥に変身し、レダを騙して自分の懐に引きずり込んだのです。レダはゼウスの子を身ごもり、その後、夫の子も身ごもりました。白鳥のゼウスと夫。二重の妊娠です。

　9か月後、レダは二組の双子を産みました。一組は人間の男児と女児（カストルとクリタイムネストラ）。もう一組は卵です。卵がかえると、その中からもう一組の双子が生まれました。それがポルックスとヘレナです。王との間の子は人間、ゼウスとの子は半分が神の性質を持っていました。二人の男児と二人の女児。ここからは男児カストルとポルックスの話を進めていきましょう。

　カストルとポルックスは父親こそ違えど、分かちがたいほど仲良しの兄弟とな

りました。互いのことが大好きで、姿かたちも驚くほどそっくりでした。ときが経ち、二人は優れた戦士に成長しました。ある日、カストルは事故に遭い、死んでしまいました。ポルックスは悲しみに暮れ、どうか兄も自分のように不老不死にしてほしいと父ゼウスに懇願しました。心を動かされたゼウスは、兄弟二人ともを不老不死にしてやりました。そして兄弟を称え、天空に星座を作りました。それが双子座です。

双子座のシンボル

　神話的な起源では双子は男の子でしたが、西洋占星術での双子座のイメージは二人の女の子として描かれることもあります。これは後に12世紀のホロスコープで普及した描き方です。それが今日ではさらに広まりましたが、本来の兄弟は卵の殻の形の兜をかぶり、カストルは手に鞭を持ち（彼は馬の調教の名人です）、ポルックスはこん棒（彼は接近戦が得意です）を持つ姿で描かれます。女の子の双子のほうはロングドレスで、共に同じ髪型で描かれることがよくあります。この本の双子座のイラストは、その中間のイメージです。

よく似た二人の女性は現代的な衣装を着ていますが、手には武器を持っています。鞭はカーネーションの花のように、また、こん棒にも花を咲かせ、双子座の芸術性と開放的な側面の二面性を表しています。

双子座〜蟹座のカスプ　6月19日〜6月23日

双子座の季節　6月19日
6月23日　蟹座の季節

牡牛座 ♉
地 ▽
固定宮
陰

双子座 ♊
風 △
柔軟宮
陽

蟹座 ♋
水 ▽
活動宮
陰

獅子座 ♌
火 △
固定宮

乙女座 ♍

天秤座 ♎
風

蠍座 ♏

サインの変わり目の前後に生まれた人々はカスプに該当します。この図で示す角度の範囲に誕生日がある場合は、前後のサインの性質を帯びる可能性があります。出生図の他の部分の状態によって、自分の特徴が太陽のサインによく当てはまっているか、他のサインのほうに近いか、感じ方がさまざまに分かれます。

双子座〜蟹座のカスプに生まれた人は芸術への感受性と、卓越したコミュニケーション能力と詩的な視点をあわせ持ちます。例え話のようにして自分を表現するのがうまく、ユーモアのセンスがある一方、理性よりも感情に溺れる傾向もあります。人の感情を読むのも得意です。勘がよく、物事の道理を素早く見抜くため、決まったルーティンの繰り返しは退屈に感じられるかもしれません。

集中力が長く続かず、やや怠けぎみなところが問題点です。

蟹座

6月22日〜7月22日

支配星：月

エレメント：水

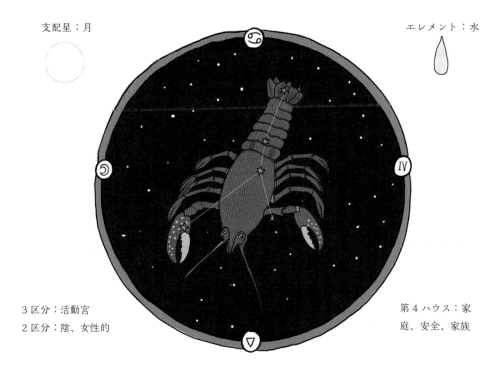

3区分：活動宮
2区分：陰、女性的

第4ハウス：家
庭、安全、家族

あなたの出生図で太陽か他の天体が蟹座にあれば、そこに繊細な
感性が表れます。蟹座は月が支配星であり、感情が重要な役割を
担います。蟹座は矛盾をはらんでいます。感受性が高いけれども
内向的。優しい反面、怒りっぽく、物質主義的でありながら家庭的
です。全般的に、蟹座の価値観は古風です。家族と過ごす時間を
好み、かなり繊細な反面、自分や家族に危険が及ぶと臆すること
なく強い態度を表します。水のサインの中で最も母性に富んでい
ます。感情が豊かでありながら、しばしば気分が変わります。弱さ
を見せたがらないところがあるため、周囲には謎めいて見えるで
しょう。12サイン中最もわかりづらい性格です。シャイに見える
ときと外向的なときがあり、予測できないのが蟹座なのです。

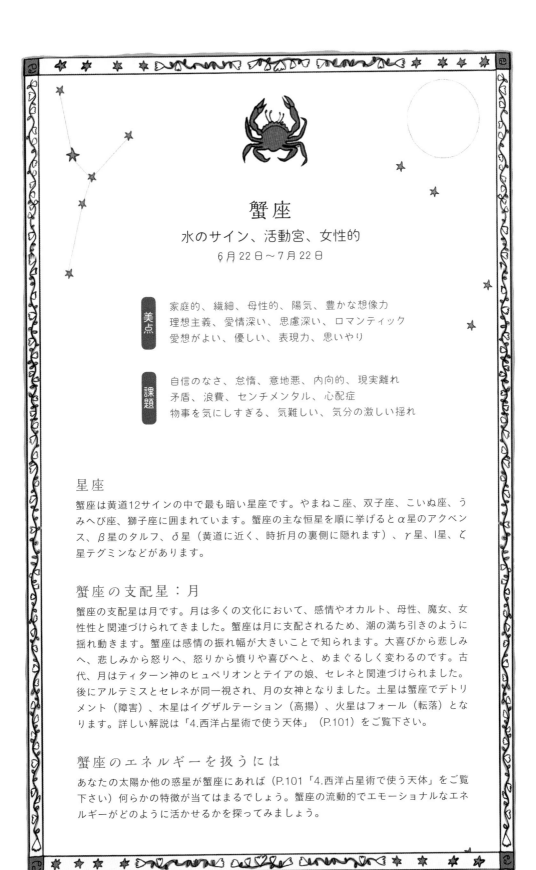

蟹座

水のサイン、活動宮、女性的

6月22日～7月22日

| 美点 | 家庭的、繊細、母性的、陽気、豊かな想像力
理想主義、愛情深い、思慮深い、ロマンティック
愛想がよい、優しい、表現力、思いやり |

| 課題 | 自信のなさ、怠惰、意地悪、内向的、現実離れ
矛盾、浪費、センチメンタル、心配症
物事を気にしすぎる、気難しい、気分の激しい揺れ |

星座

蟹座は黄道12サインの中で最も暗い星座です。やまねこ座、双子座、こいぬ座、うみへび座、獅子座に囲まれています。蟹座の主な恒星を順に挙げるとα星のアクベンス、β星のタルフ、δ星（黄道に近く、時折月の裏側に隠れます）、γ星、ι星、ζ星テグミンなどがあります。

蟹座の支配星：月

蟹座の支配星は月です。月は多くの文化において、感情やオカルト、母性、魔女、女性性と関連づけられてきました。蟹座は月に支配されるため、潮の満ち引きのように揺れ動きます。蟹座は感情の振れ幅が大きいことで知られます。大喜びから悲しみへ、悲しみから怒りへ、怒りから憤りや喜びへと、めまぐるしく変わるのです。古代、月はティターン神のヒュペリオンとテイアの娘、セレネと関連づけられました。後にアルテミスとセレネが同一視され、月の女神となりました。土星は蟹座でデトリメント（障害）、木星はイグザルテーション（高揚）、火星はフォール（転落）となります。詳しい解説は「4.西洋占星術で使う天体」（P.101）をご覧下さい。

蟹座のエネルギーを扱うには

あなたの太陽か他の惑星が蟹座にあれば（P.101「4.西洋占星術で使う天体」をご覧下さい）何らかの特徴が当てはまるでしょう。蟹座の流動的でエモーショナルなエネルギーがどのように活かせるかを探ってみましょう。

通常、人生全般において、蟹座の人々は感情のバランスを培うことが求められます。それはたやすいことではありませんが、日記をつけたり、メディテーションをしたり、感情が発散できるような表現活動を探したりすることが、とても役に立つでしょう。自分の気持ちを抑え込んで否定するとますます心が不安定になり、内にこもってしまいます。感じることを健康的な方法で表現することがポイントです。自分の感情がうまく扱えるようになれば、蟹座は社交的で気さくになれます。

蟹座の守護石と花とラッキーカラー

蟹座に最適なお守りは、鋭い感受性や感情や心の揺れにバランスをもたらし、自信を高める効果があるものです。

名称	種類		働き
シェル	海の生物		海岸の貝殻は蟹座を海と月につなげ、バランスを回復させてくれるでしょう。食用として解体された後の貝殻は使わないようにして下さい。
真珠	海の生物		女神アフロディテなど、海と女性性へのつながりをもたらします。月は女性性や感受性などの性質を表します。
ターコイズ	青緑色の半貴石		蟹座に幸運と守護を与えてくれます。
ムーンストーン	白い半貴石		感情にバランスをもたらし、神経を落ち着かせ、心配を消し去ります。
スイレン	花		水辺に咲くスイレンは蟹座の壊れやすさと強さを彷彿とさせます。
白	色		純粋さとバランス、女性性を表す色。特にバランスを得たいときは、手首に白いリボンを巻いてみて下さい。

サインを表す
タロットカード　　　**戦車**

それぞれのサインには、その性質を象徴
するタロットカードがあります。蟹座を
表すのは「戦車」です。戦車のカードは
鍛錬や継続的な進展、過去に執着せずに
新たなチャレンジを求めることを表しま
す。人生のいろいろな局面を乗り越える
力を与え、よい面を伸ばします。

蟹座の著名人：フリーダ・カーロ、コ
ートニー・ラブ、ダイアナ元妃、セレー
ナ・ゴメス、アリアナ・グランデ

✦ 蟹座が自信を持って ★
前進するためのおまじない

用意するもの

- クミンの粉
- 塩

方法

クミンと塩を混ぜて部屋の四隅にまき、3日後に掃除します。疑
いの気持ちやネガティブな思考、不安を取り除き、目標に向か
って着実に進めるようになるでしょう。

蟹座との相性

太陽のサインだけでなく、月や金星、
火星のサインでも見てみましょう。

＋（相手も）蟹座
♡♡♡♡♡♡♡♡♡♡

どちらも愛情深く献身的で
すが、人見知りや感情の不
安定さが表れると物事が進
みにくくなります。

＋魚座
♡♡♡♡♡♡♡♡♡♡

気持ちではなく理屈に従うと、
言い争いが多くなります。感
情面で求めることは似ている
二人ですから、愛のある関係
が結べるでしょう。

＋蠍座
♡♡♡♡♡♡♡♡♡♡

感情的で官能的な蠍座の性質
に魅力と安心感を感じるで
しょう。障害となるのは、本
心を表さずに内に秘める傾向
が両者にあることです。

＋山羊座
♡♡♡♡♡♡♡♡♡♡

最もよい相性の一つ。家庭的
で伝統を重んじる二人は安定
を好む気質も共通しています。
山羊座が形を整え、蟹座が感
情を注ぎ、関係が円満に進み
ます。

＋乙女座
♡♡♡♡♡♡♡♡♡♡

穏やかで信頼できる乙女座に
蟹座は喜びを感じますが、互
いを激怒させることも。蟹座
の感情的な側面を乙女座が扱
い慣れていない場合もありそ
うです。

＋牡牛座
♡♡♡♡♡♡♡♡♡♡

どちらも温厚で優しく、女性
的な資質があると言えるで
しょう。蟹座のほうがやや感
情的ですが、長く安定した関
係が築けます。

＋天秤座
♡♡♡♡♡♡♡♡♡♡

どちらも感情的で優しい性質
ですが、天秤座は決断したこ
とを変えやすく、物事を一人
で解決してしまうように見え
ます。最初は理解しづらい相
手かもしれません。

＋双子座
♡♡♡♡♡♡♡♡♡♡

蟹座とは隣り合うサインで共
通点もありますが、独立して
活発な双子座に対して蟹座は
デリケート。両者が妥協して
歩み寄る必要があるでしょう。

＋水瓶座
♡♡♡♡♡♡♡♡♡♡

蟹座は 12 サイン中で最も情
緒が豊か。対する水瓶座は最
も知性的で、感情をガードし
がち。蟹座が感情を溢れさせ
ても水瓶座は淡々としており、
難しい相性です。

＋獅子座
♡♡♡♡♡♡♡♡♡♡

獅子座の堂々とした態度が最
初は魅力的に映るものの、相
手の強い自我と蟹座が求める
気遣いとが食い違ってしまい
がち。複雑な組み合わせです。

＋射手座
♡♡♡♡♡♡♡♡♡♡

火のサインである射手座は冒
険やサプライズが大好き。一
方、蟹座は安全を好みます。
お互いの基本的な性格は大き
く異なります。

＋牡羊座
♡♡♡♡♡♡♡♡♡♡

最初は魅力を感じても、求め
るものが異なる相性。牡羊座
のはっきりとした物言いに蟹
座が傷つき、我慢できなくな
るまで内にため込む可能性が
あります。

蟹座にまつわる神話

巨蟹カルキノスと
ヘラクレスの12の試練

ギリシャ神話の中で最も有名で面白いものの一つは「ヘラクレスの12の試練」でしょう。ヘラクレスは半神半人で、ギリシャ神話の中で最も有名な英雄です。彼の父親は神ゼウス、母親は人間の女性アルクメネです。ある日、ゼウスは「次にペルセウスのもとに生まれた子どもを王にする」と宣言しました。ゼウスの妻である女神ヘラはゼウスの浮気を腹立たしく思い、わざとヘラクレスの誕生を数か月遅らせ、エウリュステウスが先に生まれるように仕向けました。成人してからもヘラの嫉妬は続き、彼女に陥れられて気がふれたヘラクレスは自分の家族を殺してしまいました。正気に戻り、自らの残虐な行為に気づいたヘラクレスは放浪の旅に出ました。弟イピクレスの勧めでデルポイの神託を聞くと、「美しいヘラクレスよ、お前が犯した恐ろしい罪を償うためには、お前の最大の敵エウリュステウスが命じる手柄を立てよ」とのことでした。その手柄というのが「ヘラクレスの12の試練」として知られるものです。神話のバージョンによって、少しずつ異なる部分がありますが、主に挙げられるのは次のようなものです。

1. ネメアの獅子を退治する。
2. レルネの怪物ヒュドラもしくは巨大な蟹カルキノス(うみへび座と蟹座の起源)を退治する。
3. ケリュネイアの鹿を捕まえる。
4. エリュマントスの猪を生け捕りにする。
5. アウゲイアースの家畜小屋を1日で掃除する。
6. ステムパロスの怪鳥たちを退治する。
7. クレタの牡牛を手なずける。
8. ディオメデスの人食い馬を手に入れる。
9. ヒッポリュテの腰帯を手に入れる。
10. ゲリュオンの牛を手に入れる。
11. ヘスペリデスの黄金の林檎を手に入れる。
12. 冥府の番犬ケルベロスを捕らえて王に差し出す。

蟹座の起源となるのは、この「ヘラクレスの12の試練」の一つですが、「レルネの怪物ヒュドラ退治」の拡大バージョンがもとになっています。レルネのヒュドラは神話に登場するウミヘビで、頭の数は一つか三つ、五つ、あるいは数百と諸説あります(うみへび座は蟹座のごく近くにあります。P.10〜11の天体図をご覧下さい)。

この怪物は一つの頭を切り落とされると、そこから二つの頭が再生します。ディズニーの映画『ヘラクレス』にはヒュドラの話も出てきます（大幅に脚色されていて、「ヘラクレスの12の試練」の神話とかけ離れている面もありますが）。神話に登場するカルキノスはヒュドラと共にレルネの沼に棲むとされますが、ヘラクレスの試練の物語に必ず登場するわけではありません。彼がヒュドラと戦っているときに、カルキノスはヘラクレスを襲います。女神ヘラがその返礼として星座を作り、それが蟹座になりました。

蟹座〜獅子座のカスプ　7月18日〜7月24日

サインの変わり目の前後に生まれた人々はカスプに該当します。この図で示す角度の範囲に誕生日がある場合は、前後のサインの性質を帯びる可能性があります。出生図の他の部分の状態によって、自分の特徴が太陽のサインによく当てはまっているか、他のサインのほうに近いか、感じ方がさまざまに分かれます。

蟹座〜獅子座のカスプに生まれた人は「ドラマティックの極み」と呼ばれます。感情的になって大騒ぎするという意味ではなく（そうした一面もありますが）、優れた俳優や芸術家になる素質があるか、エンターテインメント業界に尽力する可能性があるからです。月（蟹座の支配星）と太陽（獅子座の支配星）の力により、パワフルな感情を持ちつつ人を惹きつけるカリスマ性も持ちます。強靭で手強い性質を帯びるでしょう。

獅子座

7月23日〜8月22日

支配星：太陽

エレメント：火

3区分：固定宮
2区分：陽、男性的

第5ハウス：個人、
オリジナリティ、
衝動

獅子座の支配星は男性的なスターである太陽です。太陽は王様の
ような天体であり、ライオンもジャングルの帝王です。ですから、
獅子座の人々が自ら光を放ち、輝くのも偶然ではありません。獅子
座の人はチャーミングで華やかで社交的。情熱や意志の強さな
どが特徴です。獅子座のエネルギーは支配力に表れます。魅力を
ふりまく天性のリーダーです。ネガティブな側面では、こうした光
のすべてが傲慢さや尊大なエゴ、自己中心性に転じます。これら
の特徴は出生時の太陽か他の天体が獅子座にある人々に該当し、
後者はニュアンス程度に表れるのみでしょう。以後の章で、残り
のサインと共に見ていきましょう。火のサインの中で、獅子座は
最もカリスマ的で野心的です。

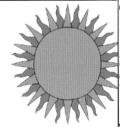

獅子座
火のサイン、固定宮、男性的
7月23日～8月22日

美点

カリスマ的、忠実、活力に溢れる、強さ、社交的、陽気
気前がよい、抜け目がない、楽観的、勇敢、迅速
熱心、リーダー気質

課題

高すぎる自尊心、表面的、自己中心的、傲慢
支配的、権威的、軽率、考えの甘さ、性急
衝動的、他人を自分に従わせようとする

星座

獅子座は最も明るい星座の一つです。主な天体はみな夜空に明るく輝き、特にα星の
レグルスは別名「ライオンハート」とも呼ばれ、獅子の形の先端である鼻先か頭部に
位置します。その他の主星にはデネボラ、アルギエバ、ゾスマ、ラス・エラセド・ア
ウストラリス、アダフェラなどがあります。獅子座は乙女座の西、蟹座の東にあり、
うみへび座に非常に近いです（P.10～11の天体図をご覧下さい）。

獅子座の支配星：太陽

獅子座の支配星は太陽です。昼間と関係があり、目に見えるものや外側に見える性質
を表します。ですから、獅子座の人々は外に出て自分を見せ、楽観的に熱心に自分の
長所を表現することを好みます。獅子座はエンターテインメント業界に携わる人々に
も多く見られます。人を褒め、みんなに自信をつけさせてモチベーションを高めるの
が好きな、社交的な性質です。カリスマ的で、天性の魅力で成功を収めます。若くし
てたやすくゴールを達成できるため、努力することに慣れておらずに短気な一面も生
まれます。継続するのはあまり得意ではありませんが、仲間に持つと非常に心強い存
在でしょう。天王星と土星は獅子座でデトリメント（障害）、海王星はイグザルテー
ション（高揚）、水星はフォール（転落）となります（諸説あります）。詳しい解説
は「4.西洋占星術で使う天体」（P.101）をご覧下さい。

獅子座のエネルギーを扱うには

あなたの太陽か他の惑星が獅子座にあれば（P.101「4.西洋占星術で使う天体」をご
覧下さい）何らかの特徴が当てはまるでしょう。獅子座の強靭でまばゆいエネルギ

ーがどのように活かせるかを探ってみましょう。ほしいものを早く簡単に手に入れようとするのが獅子座の最大の問題であることは想像に難くありません。獅子座にとって、物事に取り組む際の最大の武器は自らのカリスマ性だからです。しかし、人生は甘くありません。どんな人にも、失敗や拒絶を乗り越えるべきときが訪れるものですが、獅子座は傲慢さや短気、身勝手さを表しがちです。これらの感情を扱い慣れるのは簡単ではありません。この点では、地のサインの友人が支えになるでしょう。というのも、地のサインは粘り強さや打たれ強さを持っているからです。いずれ、獅子座の長所を伸ばすためにふさわしい状況になるはずです。そうでなければ獅子座の炎は徐々に弱まり、消えてしまいます。周囲に同調したり、周囲の顔色をうかがうようになるかもしれません。

獅子座の守護石と花とラッキーカラー

獅子座にふさわしいお守りは、傲慢で楽天的な側面のバランスをとり、楽しみや自信といった長所を伸ばし、逆境から身を守ってくれるものです。

名称	種類		働き
金	貴金属		獅子座を守護する鉱物。多くの文化において、金塊は太陽のかけらだと考えられてきました。
琥珀	動物（化石）		太陽のように自信とパワー、守護をもたらします。
シトリン	白い半貴石		獅子座が持つバイタリティと歓びを高め、幸運を引き寄せます。
タイガーアイ	ゴールド〜赤茶色の半貴石		感情面にバランスをもたらし、神経を落ち着かせ、心配を消し去ります。
ヒマワリ	花		友情とバイタリティを象徴します。
ゴールド	色		パワーと自尊心、自信と堂々とした輝きを表す色です。

サインを表す
タロットカード 　力

それぞれのサインには、その性質を象徴
するタロットカードがあります。獅子座
を表すのは「力」です。マルセイユ版の
タロットをはじめ、ほとんどのタロット
デッキの「力」には女性とライオンが描
かれています。意志や精神力、強くなる
こと、逆境に立ち向かうことなど、獅子
座が伸ばしていきたい能力を象徴してい
ます。

獅子座の著名人：ジェニファー・ロペス、カ
イリー・ジェンナー、マドンナ、ミック・ジ
ャガー、ダニエル・ラドクリフ、クリス・ヘ
ムズワース、シャーリーズ・セロン

 ## 獅子座を妬みから 守るおまじない

用意するもの

● 白い粘土
● 金色の塗料

方法

白い粘土で直径4cm程度の小さな太陽の形を作ります（太陽を
表す形であれば、サイズは目分量でかまいません）。3日後にそ
れを金色に塗ってバッグやポケットの中に入れ、ネガティブな
エネルギーから自分を守るお守りにします。自分で手作りする
ことがポイントです。

獅子座との相性

太陽のサインだけでなく、月や金星、
火星のサインでも見てみましょう。

＋（相手も）獅子座

♥♥♥♥♥♥♥♥♥♡

快活な二人は感情的なニーズ
も似ています。互いの自己主
張が衝突するときもあります
が、口論をしてもさっぱりと
解決できるでしょう。

＋射手座

♥♥♥♥♥♥♥♥♥♡

明るい二人は感情面でも通じ
合えます。共に楽しみ長期的
な関係を築くか、よい思い出
を心に刻むことができます。

＋牡羊座

♥♥♥♥♥♥♥♥♥♡

とてもよい相性です。牡羊座
のほうがやや好戦的かもしれ
ませんが、二人の問題への対
処の仕方や好み、価値観など
が似ており、通じ合えます。

＋水瓶座

♥♥♥♥♥♥♥♥♡♡

博愛主義の水瓶座と個人主義
の獅子座は、どちらも社交的
で変化を厭わず、周囲の注目
の的。水瓶座の相手に注目さ
れたいのは、他ならぬ獅子座
でしょう。

＋双子座

♥♥♥♥♥♥♥♥♡♡

双子座の独創的な一面に獅子
座は混乱しがち。また、二
人とも、自立したい気持ちと、
かまってほしい願望の両方を
抱えています。この矛盾をど
うするかがポイントです。

＋天秤座

♥♥♥♥♥♥♥♥♡♡

獅子座の情熱は天秤座の感情
面のバランスを乱し、獅子座
には天秤座が繊細過ぎると感
じられるかもしれません。相
手との境界線を意識できるか
どうかが問われます。

＋蠍座

♥♥♥♥♡♡♥♥♥♡

肉体的な相性はよくても、感
情は別。それが二人の相性の
問題です。深みを求める蠍座
にとって、獅子座は物足りな
く映るかもしれません。

＋蟹座

♥♥♥♥♥♡♥♥♥♡

美的な感覚は共通しますが、
家庭的でセンチメンタルな蟹
座が守ってほしいと思う半面、
獅子座は行動することを求め
がちです。

＋魚座

♥♥♥♥♥♡♥♥♥♡

不思議な魅力を感じさせる魚
座は、獅子座にとって感情的
で幼い感じにも映ります。強
さを求める獅子座にとって、
魚座の繊細さは苦手です。

＋山羊座

♥♥♥♥♥♥♡♥♥♡

それぞれの個性や性質は大き
く異なるものの、獅子座のカ
リスマ性と山羊座の向上心は
最強の組み合わせ。ビジネス
や起業で組むと好相性です。

＋乙女座

♥♥♥♥♥♥♡♥♥♡

シャイで物事を細かく考える
のが好きな乙女座は獅子座の
エネルギーを落ち着かせる星
座です。恋愛よりも友人とし
ての関係のほうがうまくいき
そうです。

＋牡牛座

♥♥♥♥♥♥♡♥♥♡

双方ともに強い愛情を抱くで
しょう。互いの違いを乗り越
えれば、獅子座は牡牛座から
忍耐を学び、やすらぎが得ら
れます。どちらも強く、しっ
かりした性格です。

獅子座にまつわる神話
ネメアの獅子と
ヘラクレスの12の試練

　蟹座と同じく獅子座も「ヘラクレスの12の試練」の神話に由来しています（ヘラクレスはローマ神話に登場します）。12の試練については、すでにP.43に列挙しましたので、さっそく「ネメアの獅子」の物語を見てみましょう。ほとんどのバージョンでは、これがヘラクレスの最初の試練となっています。それはライオンを仕留めて皮を剥ぐことでしたが、簡単ではありませんでした。ライオンは獰猛で、どんな武器でも貫けないほどの厚い皮を持ち、ネメアの民は困り果てていたのです。

　ヘラクレスは最初に三つの武器を使いました。弓矢とオリーブの幹のこん棒、そして剣です。ヘラクレスは卓越した戦士でしたが、ライオンはびくともしません。そこで、彼は次の手段に出ました。こっそりとライオンの後をつけ、ねぐらの洞窟を見つけると、中へと追いつめて首を絞め、息の根を止めました。

　残るは皮を剥ぐ作業です。ヘラクレスはいろいろな道具を使いましたが、どうしてもうまくいきません。そこへ知恵の女神アテナがオリュムポスの山からやって来て、ヘラクレスをこっそり助けてくれました。アテナは老女に姿を変えて

彼の目の前に現れ、ライオンの爪を使って肉から皮を剥ぎ取ればよいとささやきました。ヘラクレスは半信半疑でしたが、老女の言う通りにしてみると、うまくいきました。

　アテナのおかげでヘラクレスはエウリュステウス王から命じられた仕事を一つ、終えることができました。あとは王が住むミュケーナイに戦利品を持ち帰るだけです。

　ヘラクレスはライオンの皮を鎧として身にまとい、帰還しました。遠くに彼の姿を見た王は恐れおののき、彼を都には入らせず「塀の外に立ってライオンの皮を披露せよ」と言いました。ヘラクレスの偉大な功績を称えるために、神々はライオンの形の星座を天空に作ることにしました。それが獅子座です。

　「ネメアの獅子」の物語の起源ははっきりしていません。あるバージョンでは、天空から獅子が落ちてきて、神ゼウスと月の女神セレネの息子になりました。また他のバージョンでは、獅子は怪物オルトロスとキメラの息子とされています。キメラは頭がライオン、胴体が竜、尻尾はヘビという姿でよく描かれます。

キメラは三つの頭を持つとする説もあります。一つはライオンで、もう一つは竜、そしてヘビの頭が尻尾にあるという形です。オルトロスは双頭の犬で、飼い主はティターン神族のアトラスです。アトラスは神々によって、永遠に天を支えるよう命じられた神です。

サインの変わり目の前後に生まれた人々はカスプに該当します。この図で示す角度の範囲に誕生日がある場合は、前後のサインの性質を帯びる可能性があります。出生図の他の部分の状態によって、自分の特徴が太陽のサインによく当てはまっているか、他のサインのほうに近いか、感じ方がさまざまに分かれます。

獅子座～乙女座のカスプに生まれた人は獅子座の特徴（目立つ、社交的、カリスマ的）を外に向けて強く打ち出す反面、親しくなるにつれて、几帳面でこつこつ働く地のサインらしい乙女座の特徴が浮かび上がるでしょう。

獅子座の芸術的で芸能人的な一面と、献身的で忍耐力のある地の要素をあわせ持つため、特にエンターテインメント業界でたやすく成功を収めます。それだけでなく、成功への意欲は恋愛関係においても旺盛です。人を惹きつける魅力がある面、安定を求める気持ちも強いためです。

乙女座

8月23日～9月22日

支配星：水星

エレメント：地

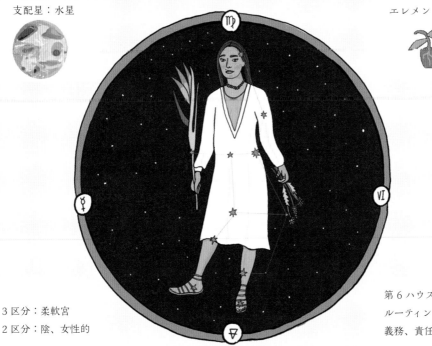

3区分：柔軟宮
2区分：陰、女性的

第6ハウス：
ルーティン、仕事、
義務、責任

乙女座は最も現実的で几帳面であり、きちんとした地のサインです。夏休みが明けて新学期を迎える9月前後の雰囲気は、乙女座が好むところでしょう。リストを作り、将来の予定を立てるのです。乙女座のエネルギーは自分自身と社会に対する義務を果たすモチベーションとなるでしょう。ですから、乙女座の人々は義務の感覚が発達しています。あなたの出生時の太陽か他の天体が乙女座にあれば、どのような影響があるかをP.101から見てみましょう。太陽が乙女座にあるのに整理整頓が大の苦手だという人は、出生図で他の天体やハウスに多くのエネルギーがある可能性が高いです。これは他のサインにも当てはまります。純粋な乙女座のエネルギーは秩序と淡い色、日々の小さな物事に歓びを見出す力と、一貫性や努力にまつわる価値観を育てる感性を表します。

乙女座
地のサイン、柔軟宮、女性的
8月23日～9月22日

美点
持続力、勤勉、きちんとしている、慣習にならう
几帳面、合理的、プロフェッショナル、真剣
頼りがいがある、誠実、分析力、安定、完璧主義

課題
シャイ、遠慮がち、批判的、既存のもので満足しがち
自分のミスを認めるのが苦手
退屈な人物と思われるときがある
強迫的、短気、怒りっぽい、共感力に乏しい

星座

乙女座に最も近い星座はかみのけ座、天秤座、獅子座です（P.10～11の天体図をご覧下さい）。乙女座の最も明るい恒星はスピカで、乙女の形の手のひらか、手に持っている麦の穂先の位置にあたります。麦は畑の豊作のシンボルとして、中世で広く用いられていました。スピカに次いで明るい恒星はザヴァイヤヴァ、ポリマ、アウヴァ、ヴィンデミアトリックスです。乙女座はうみへび座に次いで天空で二番目に大きな星座であり、最も古い星座です。デメテルやアテナ、テミス、アストレアなどさまざまな女神にまつわる物語があります。最もよく知られているのはアストレアが登場するバージョンです。

乙女座の支配星：水星

乙女座の支配星は双子座と同様、水星です。水星のコミュニケーション能力は双子座に対してよりダイレクトに働き、乙女座では仕事の仕方やルーティン、また個人と集団の向上の手段としての情報に影響を与えます。1970年代まで乙女座の支配星は水星の他にバルカンという天体があるとされていましたが、その存在は確認されず、水星だけが支配星となりました。この水星のおかげで乙女座は精神面での長所に恵まれています。細部まで目が行き届き、観察力も鋭く、たいてい物静かですが、実は周囲をくまなく意識しています。自分の行動や言葉にも高い意識を向けているため、自分がミスをしたときや口論のときに自分の非を認めることが苦手です。海王星と木星は乙女座でデトリメント（障害）、水星はイグザルテーション（高揚）、金星はフォール（転落）となります。詳しい解説は「4.西洋占星術で使う天体」（P.101）をご覧下さい。

乙女座のエネルギーを扱うには

あなたの太陽か他の天体が乙女座にあれば（P.101「4.西洋占星術で使う天体」をご覧下さい）何らかの特徴が当てはまるでしょう。乙女座の分析的で几帳面なエネルギーがどのように活かせるかを探ってみましょう。乙女座に求められる学びは失敗を認めることや共感すること、人を教育しようとする気持ちを抑えることです。乙女座には知ったかぶりの態度をとる一面もあります。身体とスピリチュアル面と精神が統合できるヨガなどはお勧めです。自分の感情に触れる感性が豊かになり、人や物事に対する理解も深まります。

乙女座の守護石と花とラッキーカラー

乙女座には敬意と自信を持って自己表現することを促し、個人主義的な側面とのバランスをもたらすものが最適です。職業や、仕事での人間関係を高めるものも向いています。

名称	種類		働き
クオーツ	透明の半貴石		卓越した守護の力を持つ石。ポジティブなエネルギーを高め、日課をこなす力を補強します。
ペリドット	緑の半貴石		対人関係を円滑にし、細かいことへのこだわりをなくします。
ジャスパー	赤茶色の半貴石		勇気と力を与え、特にシャイな性格を克服するのに役立ちます。
ブラウンアゲート	茶色の半貴石		乙女座が持っている観察力と分析力を高めます。
スイセン	花		ひっそりとしたたおやかさを象徴します。
ブラウン	色		謙虚さ、仕事、土、分別、安定、努力、適応力と成熟を表します。

サインを表す
タロットカード　　隠者

それぞれのサインには、その性質を象徴
するタロットカードがあります。乙女座
を表すのは「隠者」です。これは乙女座
がいつも家で深く物思いにふけっている
からではありません（実際にそうするこ
とはありますが）。隠者のカードは学び
や瞑想を促し、自分の内面に宿る知識を
探すことを示しています。

乙女座の著名人：フレディ・マーキュリ
ー、ビヨンセ、キアヌ・リーブス、エイミ
ー・ワインハウス、トルストイ、ヒュー・
グラント

 乙女座が決断力と勇気を
得るためのおまじない

用意するもの

- 紙
- 鉛筆

方法

誕生日の朝に、これまでに経験しためちゃくちゃな出来事の中
で、結果的にうまくいったことを思い出して下さい。その感覚
をしばらく感じてから、自分がもっと大胆になれるとしたらど
うしてみたいかを紙に箇条書きにします。1年間、その紙を見え
るところに置いておき、一つずつ実行してみましょう。

乙女座との相性

太陽のサインだけでなく、月や金星、
火星のサインでも見てみましょう。

＋（相手も）乙女座

♥♥♥♥♥♥♥♥♥♡

丁寧に日課をこなすのが得意な二人。おうちで毛布にくるまり映画鑑賞をするのが休日のデート。やや単調かもしれませんが、むしろそれが心地よい相性です。

＋山羊座

♥♥♥♥♥♥♥♥♡♡

12サイン中で最もよい相性の一つです。身体の相性もよく、経済的な感覚も似ており仕事に励むことができます。感情面でも気が合う二人です。

＋牡牛座

♥♥♥♥♥♥♥♥♡♡

よいカップルになれます。二人が求めるのは安定。乙女座は物事を考えがちな反面、牡牛座はマイペース。それでも交際は長続きするでしょう。

＋魚座

♥♥♥♥♥♥♥♥♡

こまやかで優しい魚座の一面が、落ち着いた乙女座に彩りを与えます。力を合わせて独創的なプロジェクトを立ち上げることも可能。互いに魅力を感じ合います。

＋蠍座

♥♥♥♥♥♥♥♡♡

心に強い決意を秘める蠍座は不思議でセクシーな雰囲気を醸し出し、乙女座を惹きつけます。自分の中の古風で真面目な一面が揺るがされるかもしれません。

＋蟹座

♥♥♥♥♥♥♡♡♡

蟹座が見せる感情の変化は乙女座にとって魅力的かもしれませんが、やや不安定さを感じる面もあるでしょう。双方に忍耐力が必要です。

＋天秤座

♥♥♥♥♥♡♡♡♡

どちらも身の回りをきれいに整えるのが好きですが、天秤座には自分の魅力を外に向かってアピールする傾向があり、真面目な乙女座とは異なります。

＋双子座

♥♥♥♥♥♡♡♡♡

複雑な相性です。双子座は自由な発想をし、オープンに会話をします。支配星は同じ水星ですから、恋愛よりも友人同士のほうがずっとうまくいきそうな組み合わせです。

＋水瓶座

♥♥♥♥♥♡♡♡♡

12サインの中で最も複雑な相性です。自由と変革を求める水瓶座に対して、乙女座は慣習に従おうとします。両者の歩み寄りが課題になりそうです。

＋牡羊座

♥♥♥♥♡♡♡♡♡

牡羊座は個性が強くて社交的です。地のサインである実直な乙女座にとっては相手が派手なものを好むように見え、理解できないかもしれません。

＋獅子座

♥♥♥♥♡♡♡♡♡

両者のエネルギーは大きく異なります。自己を華やかにアピールする獅子座に対し、乙女座は見えないところでこつこつ働くのが得意。接点を持つためには、努力が必要でしょう。

＋射手座

♥♥♥♥♡♡♡♡♡

奔放で開放的な射手座の一面は乙女座にとってまとまりがなく、大人げない感じに見えるかもしれません。そんな乙女座を、射手座は退屈だと感じます。努力を要する相性です。

乙女座にまつわる神話

アストレア

　乙女座はうみへび座に次いで大きな星座です（P.10～11の天体図をご覧下さい）。若い女性が収穫の果実を手に持つ姿になぞらえた形をしています。特に目立つのは左手に持っている麦の穂先に当たる部分です（この本のイラストでは明るい色の花を描いています）。それは乙女座で最も明るい恒星スピカで、乙女座を見つける際の目印にもなっています。多くの文化において、乙女座は豊穣と収穫を象徴する若い女性と関連づけられてきました。ギリシャでは神ゼウスと正義の女神テミスの娘アストレアとされています。別の説では天空神と地母神との間に生まれたティターンの女神であるとも言われます。

　アストレアは人間に正義を施す役目を母から与えられていました。母は神の正義を、娘は人間の正義を表します。アストレアは冥界に住む最後の女神でした。神々と人間が共存し、ギリシャ神話の大部分の舞台となる神話の黄金時代の終わりに、アストレアは父ゼウスによって星座になったのです。天秤座

を形づくる大秤は乙女座の右手に位置しています。アストレアが正義のために天秤を持っているとする説もあります。

　ティターン神族の中で、アストレアは処女性を保つことを許された唯一の女神とも言われ、ゼウスの光を捧げ持っていたことでも知られます。ティターン神族の戦争ではゼウスの味方につき、この栄誉を授けられたのです。アストレアについても諸説ありますので、乙女座にもいろいろな物語が存在しています。あるバージョンではゼウスの光を捧げ持ち、また別のバージョンではたいまつ、あるいは麦の穂を持っていたと言われます。また、純潔と貞操のシンボルである翼や白いガウン、あるいは白い衣服を身に着けています。

　乙女座は天空で大きな星座の一つです。最も明るい恒星はスピカですが、アウヴァやヴィンデミアトリックス、ヘゼも明るく輝きます。また、乙女座は星団でもあり、地球から観測可能な最大の銀河星団です。

乙女座の描かれ方

　一般的に、黄道12サインの中で女性の形で表されるのは乙女座だけです。そのために、伝統的な意味合いでの女性的な性質と関連づけられています。

つまり、隅々にまで目を配ることや、完璧主義などですが、支配星が水星（精神とコミュニケーションを司る）であり、地のサイン（どちらかというと理性的で、感情を遮断しがち）であることから、知性的な視点から持ち味を発揮します。

乙女座〜天秤座のカスプ　9月19日〜9月24日

サインの変わり目の前後に生まれた人々はカスプに該当します。この図で示す角度の範囲に誕生日がある場合は、前後のサインの性質を帯びる可能性があります。出生図の他の部分の状態によって、自分の特徴が太陽のサインによく当てはまっているか、他のサインのほうに近いか、感じ方がさまざまに分かれます。

乙女座〜天秤座のカスプに生まれた人はデリケートで思慮深く、人を不快にさせないように気を配り、調和がとれた環境で暮らすことを求めます。物事をよく分析しますが、感受性やコミュニケーション能力が高いため、周囲の信頼を得て相談を持ちかけられることも多いでしょう。

このカスプに生まれた人の最大の課題は、身の回りに起きることを分析し過ぎるのをやめることです。考えても仕方がないような、細かいことに目を向けてエネルギーの無駄遣いをせずに、今という瞬間を生き、楽しんで下さい。

天秤座

9月23日～10月23日

支配星：金星

エレメント：風

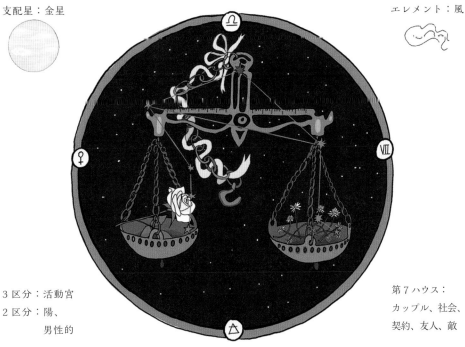

3区分：活動宮
2区分：陽、
　　　　男性的

第7ハウス：
カップル、社会、
契約、友人、敵

天秤座はまさに天秤が象徴するように、バランスと正義を表すサインです。それはただの連想にとどまらず、問題を引き起こす性質にもなり得ます。天秤座は常にバランスを求めます。感情のバランスを求め、社会にバランスを求め、見え方にもこだわるのです。身なりを整え、家の中を飾ることに力を注ぎ、下品なものや過剰なもの、またはありきたりなものは気に入りません。また、このバランスを求める傾向が気分にも影響を及ぼし、自分自身の感情も左右します。ただし、この傾向は月のサインのほうにより強く当てはまります。天秤座は淡い色や明るい色調、デコラティブな物を好む傾向があり、アクセサリーが大好きです。もしもあなたが天秤座で、こうした特徴が当てはまらないと感じる場合は、最も影響力を持つサインは何か、出生図（P.154）を作成して調べてみて下さい。

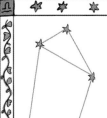

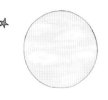

天秤座

風のサイン、活動宮、男性的

9月23日～10月23日

美点
外交的、社交的、温和、寛容、理解力がある
慎重、公平、親切、調和を愛する、正しいものを守る

課題
気分屋、気まぐれ、決断しない、複雑
短気、悲観的、虚栄心、表面的、影響を受けやすい
おせっかい、依存的

星座

天秤座の西には牡牛座、東には蠍座があり、黄道の中で最も暗いサインの一つです。ユリウス・カエサルの時代（紀元前1世紀）まで、天秤座は蠍座の一部として、サソリのハサミの部分に当たるとされていました（後で詳しく解説します）。

天秤座の支配星：金星

天秤座の支配星は牡牛座と同じく金星です。しかしながら、二つのサインには大きな違いがあります。地のサインである牡牛座は2区分では陰に当たり、本質的には女性的なサインですから、金星にとって非常に居心地のよい場所になります。恋愛や人間関係、喜びといった女性的な性質がテーマです。つまり、牡牛座と金星の波長はぴったりで、こうした性質の物事が自然な流れで展開できるのです。一方、天秤座は風のサインであり、陽の気質で男性的なサインです。天秤座では男性的なエネルギーと、支配星の金星が持つ女性的な傾向との間に緊張があります。ですから、金星は天秤座に天性の魅力を与え、調和を求める願望をもたらしますが、感情面でやや不安定であり、セルフイメージや自尊心の問題を引き起こす可能性があります。火星は天秤座でデトリメント（障害）、土星はイグザルテーション（高揚）となります。詳しい解説は「4.西洋占星術で使う天体」（P.101）をご覧下さい。

天秤座のエネルギーを扱うには

あなたの太陽か他の天体が天秤座にあれば（P.101「4.西洋占星術で使う天体」をご覧下さい）何らかの特徴が当てはまるでしょう。天秤座のエネルギーがどのように活かせるかを探ってみましょう。

天秤座に出生時の太陽か他の天体があれば、仲介者の役割をする傾向が表れます。友人の輪の中で、全員が仲良くできるようにと望み、幹事役を完璧にこなしたり、部屋の環境を整えて調和を生み出そうとします。しかし、そのために依存的な性格にもなってしまい、自分が求めることをはっきりと言えないときもあるかもしれません。こうした天秤座の特徴に対しては、リスペクトを持って自分のニーズや意見を伝えるなら、必ずしも対立を生み出すことにはならないと理解することが重要です。協調性があるのはよいことですが、自分の本音を表現できずに悲しくなったり落ち込んだりしないように注意しましょう。

天秤座の守護石と花とラッキーカラー

天秤座にふさわしいお守りは、感情のバランスに役立ち、人生のあらゆる面（仕事、恋愛、精神、金銭）にバランスをもたらす力があるものです。

名称	種類		働き
翡翠	緑の半貴石		物質面と経済面のバランスを強化します。
トパーズ	茶色またはゴールドの半貴石		身に着けるとエネルギーが高まります。
エメラルド	緑の宝石		翡翠と似た性質があります。研磨された宝石は身に着けるのに最適です。
アクアマリン	青緑色の半貴石		海の力強いエネルギーを呼び起こし、移り気な天秤座の一面にバランスをもたらします。
アジサイ	花		色が変わるアジサイは適応性の象徴です。
ピンクとターコイズ	色		ピンクは天秤座の女性性を表す支配星、金星を表します。ターコイズは天秤座の鮮やかな色彩感覚に対応し、中庸とバランスを示します。

11 LA JUSTICIA 11

正義

それぞれのサインには、その性質を象徴するタロットカードがあります。天秤座を表すのは「正義」です。名前の通り、正義や公平性、バランスと真実を表します。ネガティブな側面は意思決定がでさないこと。これらはみな天秤座にとって重要なテーマであり、向き合っていくべき課題です。

天秤座の著名人：キム・カーダシアン、ロザリア、ペドロ・アルモドバル、ウィル・スミス、ジュリー・アンドリュース

 天秤座が心を定めてバランスを
得るためのおまじない

用意するもの

- 蓋つきのガラス瓶
- 水晶
- 紙と鉛筆
- 白いキャンドル
- 茶葉（種類は自由）

方法

満月の日に安全な場所でキャンドルを灯し、上記のものを身の周りに置きます。生活の中でバランスを崩している面はどこかを考え、改善策を紙に書きましょう。書けたら紙をテーブルの上に置き、茶葉をガラス瓶に入れて蓋を閉じます。ガラス瓶を紙の上に置き、蓋の上に水晶を乗せて月明りの下に置いておきましょう。

天秤座との相性

太陽のサインだけでなく、月や金星、
火星のサインでも見てみましょう。

＋（相手も）天秤座

♥ ♥ ♥ ♥ ♡ ♥ ♥ ♥ ♥ ♥

美しく整ったものを好む二人。
ただし、意思決定をはっきり
しない一面や、側突をおおげ
さに捉える傾向が表れるとき
には相互理解の努力が求めら
れます。

＋双子座

♥ ♥ ♥ ♥ ♥ ♥ ♡ ♥ ♥ ♥

身体面で強く惹かれ合う相性
です。どちらも社交的で、さっ
ぱりとした楽しい人間関係を
求めます。また、どちらも深
刻な雰囲気は苦手でしょう。

＋水瓶座

♥ ♥ ♥ ♥ ♥ ♡ ♥ ♥ ♥ ♥

よいカップルになれます。互
いに距離感を求めます。自分
をはっきりと持つ傾向は水瓶
座のほうが強く、天秤座は相
手の色に染まってしまうかも
しれません。

＋魚座

♥ ♥ ♥ ♥ ♥ ♥ ♥ ♡ ♥ ♥

優美な魂を持つ者同士、相手
の話に耳を傾けます。魚座が
強い感情を表すと天秤座は混
乱しがち。それでも互いに惹
かれ合う関係です。

＋蠍座

♥ ♥ ♥ ♥ ♥ ♥ ♥ ♡ ♥ ♥

蠍座の激しさに天秤座が圧倒
されます。相手を操ろうとす
る蠍座の術中に天秤座がはま
り、共依存的な関係に陥る場
合もあるかもしれません。

＋蟹座

♥ ♥ ♥ ♥ ♥ ♥ ♥ ♡ ♥ ♥

蟹座のエモーショナルな側面
の変化に天秤座は動揺しが
ちです。互いに努力が必要な
相性でしょう。コミュニケー
ションが難しい相手です。

＋乙女座

♥ ♥ ♥ ♡ ♥ ♥ ♥ ♥ ♥ ♥

相性はよいですが、乙女座が
物事を正確に捉える一方、天
秤座は考えを変えることもし
ばしば。相手に対してカチン
ときたら、我慢が求められそ
うです。

＋牡牛座

♥ ♥ ♥ ♥ ♥ ♥ ♡ ♥ ♥ ♥

頑固で意固地になりがちな牡
牛座と、意見を一定させない
天秤座はしばしば口論になり
ます。それでも調和と美を愛
する点は共通しています。

＋山羊座

♥ ♥ ♥ ♥ ♡ ♥ ♥ ♥ ♥ ♥

他の地のサインと同様に山羊
座も考えが一定しています。
どちらも活動宮ながら、山羊
座の向上心や厳しさは天秤座
にとって過剰に感じられがち
です。

＋牡羊座

♥ ♥ ♥ ♥ ♥ ♥ ♡ ♥ ♥ ♥

激しい性格の牡羊座に対して、
天秤座は主導権を預けます。
共通点がなさそうなカップル
ですが、互いにないものを補
い合い、身体面でも好相性で
す。

＋射手座

♥ ♥ ♥ ♥ ♥ ♥ ♡ ♥ ♥ ♥

射手座の楽観的な考え方と
「なすがまま」の精神は天秤
座にぴったりです。射手座と
なら決断力が養えます。どち
らかと言えば友人関係がベス
トでしょう。

＋獅子座

♥ ♥ ♥ ♥ ♥ ♥ ♡ ♥ ♥ ♥

獅子座のセクシーさを存分に
感じ取ることができます。煮
えきらない態度を示し続ける
と、快活な獅子座が興味を
失ってしまう可能性もありま
す。

アストレアか、カエサルか？

天秤座の象徴である正義の天秤は、乙女座の女神アストレアが手にしているものです。

アストレアの父はゼウス、母は神々を裁く正義の女神テミスです。彼女をティターン神族の一人とする説もあります。母が神々の裁きをする間、娘であるアストレアは人間を裁く役目を与えられ、そうすることで母の手伝いをしていました。

アストレアは冥界に住む最後の女神です。神々と人間が共存して神話の舞台となっていた黄金時代の終わりに、父ゼウスによって姿を星座に変えられました。天秤座を形づくる天秤は、乙女座の右隣にあります。この天秤は正義を表し、アストレアが手に持っているとする説もあります。

また、アストレアはゼウスの光を捧げ持つ役目を負った、ティターン神族で唯一の処女としても知られます。ティターンの神々の戦争ではゼウスの味方につき、その栄誉を称えられました。

乙女座と蠍座の間にある天秤座は多くの薄暗い恒星でできており、見つけにくい星座です。ある古代の記録によると、天秤座は蠍座の一部とされていました。ギリシャでも、天秤座のことを「蠍のハサミ」と呼ぶことがあったほどです。古代ローマ時代、ユリウス・カエサル

の指示により、天秤座が星座として認められることになりました。12星座の中で、動物や神話上の男女の形をしていないのは天秤座だけです。

天秤座に隠されたもう一つのシンボルは、天秤と支配星である金星との関係です。金星は女神ヴィーナスと同一視され、魅力と繊細なバランスを示します。一方は純粋な愛、もう一方は情欲です。この微妙なバランスが人と人との惹かれ合いと恋愛の根源にあり、天秤座のサインの特徴として表れます。

天秤座の描かれ方

天秤に隠された意味を掘り下げていくと、その起源と正義や公平さとの関わりは、古代エジプトの死者を葬る儀式に見られます。死者は神々であるオシリスとトート、アヌビスの前で裁きを受けるとされていました。死者が心臓を捧げると、アヌビスはそれを受け取って天秤の皿に乗せます。天秤のもう片方の皿には、生前に働いた悪事を象徴する羽根が置かれます。心臓が羽根より重ければ、死者は永遠の生命を得ることができます。天秤は後にギリシャで正義の印となり、ローマではさらに剣を手に目隠しをした正義の女神ユスティティアとなり、現在に至ります。

天秤座の季節

10月19日

10月25日

蠍座の季節

乙女座
地
柔軟宮
陰

天秤座
風
活動宮
陽

蠍座
水
固定宮
陰

射手座
火
柔軟宮
陽

サインの変わり目の前後に生まれた人々はカスプに該当します。この図で示す角度の範囲に誕生日がある場合は、前後のサインの性質を帯びる可能性があります。出生図の他の部分の状態によって、自分の特徴が太陽のサインによく当てはまっているか、他のサインのほうに近いか、感じ方がさまざまに分かれます。

天秤座～蠍座のカスプに生まれた人は周囲の人々を魅了するでしょう。金星（天秤座の支配星）がもたらす官能性と、火星（蠍座の支配星）がもたらす情熱や激しさがあるためです。美や自己のイメージを非常に大切にしますが、策略を練って網を張りめぐらせるかのような狡猾さもあります。パートナーを理想の相手として崇める傾向がある反面、ミステリアスな人に魅力を感じたり、火星の（性的で肉体的な）エネルギーが高い人に惹かれたりする傾向もあり、波乱の関係になることも。激しい情熱を抱える人です。

蠍座

10月24日～11月22日

支配星：冥王星

エレメント：水

3区分：固定宮
2区分：陰、女性的

第8ハウス：
タブー、性、
親密さ、死、再生

蠍座は一筋縄ではいかない策士であり、少し腹黒さもあるかもしれません。また、非常に深いところで感情を持ち、共感力も高く、燃え尽きた灰の中から不死鳥のように立ち上がる力もあります。蠍座は深い変容のサインで、人間の魂の複雑さを存分に探求しようとします。程度の差はあれ、スピリチュアルや生と死、オカルトの世界の話題に惹かれるでしょう。性は（無意識や隠れた領域、タブーの探求と相まって）蠍座にとって傑出したエリアであるため、どのサインよりも激しい性格です。魅惑的でカリスマ的であり、そのカリスマ性は神秘的かつセクシャルで、禁じられた世界への傾倒を感じさせるものです。強迫観念や、中毒性のある関係に入り込む傾向もあります。もしもあなたが蠍座で、こうした特徴が当てはまらないと感じる場合は、最も影響力を持つサインは何か、出生図（P.154）を作成して調べてみて下さい。

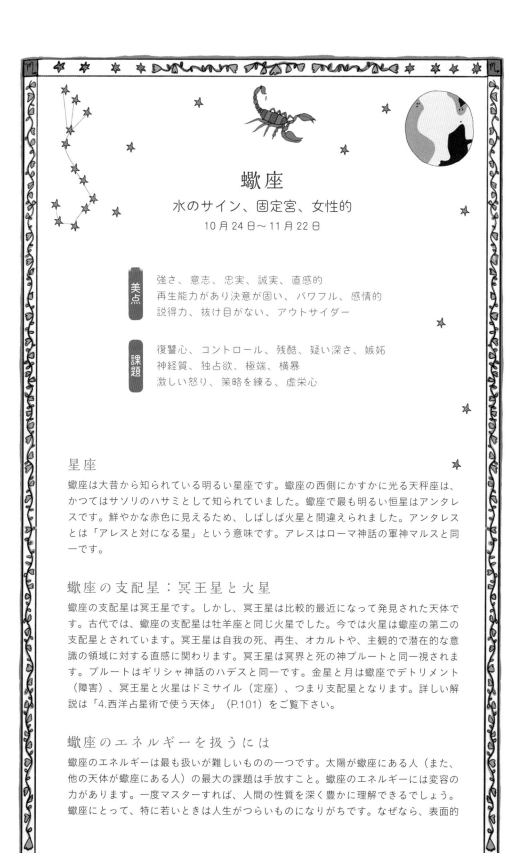

蠍座

水のサイン、固定宮、女性的

10月24日〜11月22日

美点
強さ、意志、忠実、誠実、直感的
再生能力があり決意が固い、パワフル、感情的
説得力、抜け目がない、アウトサイダー

課題
復讐心、コントロール、残酷、疑い深さ、嫉妬
神経質、独占欲、極端、横暴
激しい怒り、策略を練る、虚栄心

星座

蠍座は大昔から知られている明るい星座です。蠍座の西側にかすかに光る天秤座は、かつてはサソリのハサミとして知られていました。蠍座で最も明るい恒星はアンタレスです。鮮やかな赤色に見えるため、しばしば火星と間違えられました。アンタレスとは「アレスと対になる星」という意味です。アレスはローマ神話の軍神マルスと同一です。

蠍座の支配星：冥王星と火星

蠍座の支配星は冥王星です。しかし、冥王星は比較的最近になって発見された天体です。古代では、蠍座の支配星は牡羊座と同じ火星でした。今では火星は蠍座の第二の支配星とされています。冥王星は自我の死、再生、オカルトや、主観的で潜在的な意識の領域に対する直感に関わります。冥王星は冥界と死の神プルートと同一視されます。プルートはギリシャ神話のハデスと同一です。金星と月は蠍座でデトリメント（障害）、冥王星と火星はドミサイル（定座）、つまり支配星となります。詳しい解説は「4.西洋占星術で使う天体」（P.101）をご覧下さい。

蠍座のエネルギーを扱うには

蠍座のエネルギーは最も扱いが難しいものの一つです。太陽が蠍座にある人（また、他の天体が蠍座にある人）の最大の課題は手放すこと。蠍座のエネルギーには変容の力があります。一度マスターすれば、人間の性質を深く豊かに理解できるでしょう。蠍座にとって、特に若いときは人生がつらいものになりがちです。なぜなら、表面的

なレベルで済ませることができないからです。なんでも深く掘り下げるあまり、追い求め続けてしまう傾向があるのです。蠍座はうわべだけの人間関係には関心がありません。気持ちを激しく表して満たされようとし、深い結束を求めます。手放して軽やかに生きるには、経験を通して学ぶしかありません。蠍座にふさわしい人々との出会いや体験を経て、蠍座の激しさや心の旅路の素晴らしさがわかるでしょう。もしもあなたが蠍座で、そうした深いエネルギーが自分にはないと感じる場合は出生図を作ってみると洞察が得られます（P.154をご覧下さい）。

蠍座の守護石と花とラッキーカラー

蠍座にふさわしいお守りは感情のバランスを整え、人生のあらゆる面（仕事、恋愛、スピリチュアル、金銭）でのバランスを呼び込む力があるものです。

名称	種類		働き
黒曜石	黒い半貴石		バイタリティを高め、リビドーや性的な感情によい影響を与えてくれます。
マラカイト	緑の半貴石		激しさを抑え、ストレスのある状況でも冷静でいられるエネルギーがもらえます。
レッドジャスパー	茶色～ゴールドの半貴石		情熱を表します。
鉄製または金属製の鍵	品物		物質的な富と、感情や経済の安定に。蠍座は常に持っておくのがお勧めです。
ボタン	花		欲望と魅力を象徴します。
赤と黒	色		赤は強さと活力、情熱の、黒は悲しみと死、終わりと始まりの色です。

死神

それぞれのサインには、その性質を象徴
するタロットカードがあります。蠍座を
表すのは「死神」です。死神のカードは
物事の終わりだけでなく、始まりも意味
します。そこに蠍座の芽がひそめります。
経験したことを手放し、生命を深く見つ
め、光と影を受け入れること。それが蠍
座の課題です。

蠍座の著名人：ドレイク、ウィノナ・ライ
ダー、エマ・ストーン、ホアキン・フェ
ニックス、ペン・バッジリー、ビョーク

 ## 蠍座が過去を手放すための
おまじない

用意するもの

● お香
● 白いキャンドル
● マッチ

方法

苦しい状況に置かれたときに、マッチで白いキャンドルを灯し、
その炎を使ってお香に火をつけます。安全な場所で行って下さい
（家の中など）。手放したいことを静かに思い浮かべ、心が鎮ま
ったらそのままお香を焚き終え、静かに過ごしましょう。

蠍座との相性

太陽のサインだけでなく、月や金星、
火星のサインでも見てみましょう。

＋（相手も）蠍座

♥♥♥♥♥♥♥♥♥♡

どちらも情熱的でセクシーで
すが、怒りっぽさや意地悪な
傾向が表に出そうになったら
要注意。忍耐と寛容性を養う
ことが必要です。

＋魚座

♥♥♥♥♥♥♥♥♥♡

どちらも情が深く、直感が鋭
いです。そばにいると魚座は
大切に守られ、理解されてい
ると感じるでしょう。蠍座も
魚座に対して愛を見出します。

＋蟹座

♥♥♥♥♥♥♥♥♥♡

よいカップルになれます。惹
かれ合う気持ちが強く、恋
愛関係は親密になるでしょう。
互いに傷つきやすい性質であ
るため、許すことが課題とな
ります。

＋牡牛座

♥♥♥♥♥♥♥♥♡

互いにないものを補い合える
相性です。牡牛座が心地よく
感じるためには蠍座が自己の
内面をコントロールすること
が必要。少し距離感が必要で
す。

＋山羊座

♥♥♥♥♥♥♥♥♡

互いを補い合える素晴らしい
相性です。経済的な安定に加
えて、スキンシップや心の絆
も築くことができます。嫉妬
やマウントの取り合いには注
意しましょう。

＋乙女座

♥♥♥♥♥♥♥♡♡

互いを守り気遣えるため、感
情的に安定できるでしょう。
蠍座は理性を働かせ、乙女座
が批判的な見方を控えめにす
ると、うまくいきます。

＋天秤座

♥♥♥♥♡♥♡♡♡

仲良くできる関係ですが、天
秤座は嫉妬されるのが苦手で
す。ゲームを仕掛けられたり、
多くの要望を出されることも
嫌います。身体面では好相性
です。

＋水瓶座

♥♥♥♡♥♡♡♡♡

関係が始まる頃は好調でも、
蠍座が嫉妬をした瞬間に水瓶
座の心は離れてしまいます。
自信がなさそうな態度を示し
たときも同様です。

＋双子座

♥♥♥♡♥♡♡♡♡

互いによい面がたくさんあり、
新しい発見や創造ができそう
です。しかし、双子座は蠍座
からの要望や熱意を受け入れ
ることが苦手です。

＋獅子座

♥♥♥♥♡♥♡♡♡

個性的な二人は衝突もしばし
ばあるでしょう。身体面では
惹かれ合いますが、互いに個
人主義的な側面が強く、ぶつ
かり合いが起きるかもしれま
せん。

＋牡羊座

♥♥♥♥♡♥♡♡♡

関係は複雑になりそうです。
牡羊座の衝動的な側面と蠍座
の直感的で神秘的な側面はか
み合いません。その反面、情
熱を高め合える相性でもあり
ます。

＋射手座

♥♥♥♡♥♡♡♡♡

楽しい時間を共有できますが、
射手座は恋愛に自由を求め、
蠍座は相手との一体感を重視
します。関係を発展させるの
は難しいかもしれません。

蠍座にまつわる神話

オリオンとサソリ

蠍座の起源を語る神話には二つの
バージョンがあります。その両方に登場
するのがオリオンとサソリです。

オリオンについて詳しく語られたもの
はありませんが、多くの神話に出てきま
す。彼は優れた戦士で、巨人でした。
あまりに大きいので、海の中を歩くとき
は海底に足がつき、波の上に頭が出て
いるといった具合です。

ある神話によると、巨人オリオンは狩
りをしているアルテミスを強姦しようと
しました。アルテミスは森と狩猟の処女
神で、動物と自然を守護します。アル
テミスは驚き、サソリに助けを求めまし
た。するとサソリはオリオンを刺し、オ
リオンは死んでしまいました。アルテミ
スはサソリに感謝し、天空に上げて星
座にしました。

もう一つの神話では、オリオンは海の
神ポセイドンとミノス王女エウリュアレ
の息子とされています。海の中を歩く力
はポセイドンから授かりました。こちら
の神話はさらに二つの説に分かれます。
一つは、オリオンが視力を失い、さまよっ
ているときにサソリに刺されて命を落と
したとする説です。もう一つは、卓越し
た狩人であるオリオンがアルテミスとそ
の母レトと一緒に狩りをしていたという
ものです。オリオンは狩りの腕前を自慢

し、自分がそうしようと思うなら地球
上の動物をすべて狩り尽くすことさえで
きる、と言いました。それを聞いた地母
神ガイアは怒りました。また、オリオン
の言葉は脅威であり恐ろしくもあったた
め、ガイアは巨大な怪物サソリを彼に
向けて放ちました。サソリはオリオンの
息の根を止め、ガイアによって天空の
蠍座へと姿を変えられました。これを見
たレトとアルテミスは心を打たれ、オリ
オンもまた星座にしましたが、蠍座とは
反対の位置に置きました（P.10 ～ 11
の天体図をご覧下さい）。オリオン座は
冬に最も輝きを増しますが、夏が近づ
くにつれて暗くなります。それと入れ替
わるようにして、冬の間に薄暗かった
蠍座が夏に向かって明るくなっていきま
す。神話で語られている通り、両者は
永遠に相対する関係です。

蠍座の描かれ方

サソリは多くの神話に出てきます。小
さくて弱い生き物のようでいて、脅威を
感じると大きな動物や人間を倒すほど
の強い毒の針で相手を刺します。これ
は蠍座の特質をよく表しています。また、
蠍座のエネルギーはペルセポネの神話
にも表れています。ペルセポネは純粋
な乙女でしたが、冥界の神ハデスに囚

われた後は成熟した強い女性として地上に戻ります。これは蠍座の女性や、出生時に月が蠍座にあった女性が若いときにしばしば苦労する、変容のプロセスを暗に示しています。蠍座が持つ激しさとパワーを拒絶せずに受け入れることは、蠍座にとっての大きな試練の一つです。

蠍座〜射手座のカスプ　11月19日〜11月25日

サインの変わり目の前後に生まれた人々はカスプに該当します。この図で示す角度の範囲に誕生日がある場合は、前後のサインの性質を帯びる可能性があります。出生図の他の部分の状態によって、自分の特徴が太陽のサインによく当てはまっているか、他のサインのほうに近いか、感じ方がさまざまに分かれます。

蠍座〜射手座のカスプに生まれた人は蠍座の水の性質の激しさと射手座の火の性質の元気さをあわせ持ち、逆境の中でも率先して行動する強さがあります。人間関係においても極端になるかもしれません。愛する人のすべてを得ようとするか、何も求めないかのどちらかでしょう。それでも自分がどれだけの愛を必要としているかに気づいて不安になり、苦しみに耐えられないと感じて逃げてしまうこともあります。蠍座の深みと、新しいアイデアを求める射手座の性質とを融合させた、スピリチュアルな人々です。

射手座
11月23日〜12月21日

支配星：木星

エレメント：火

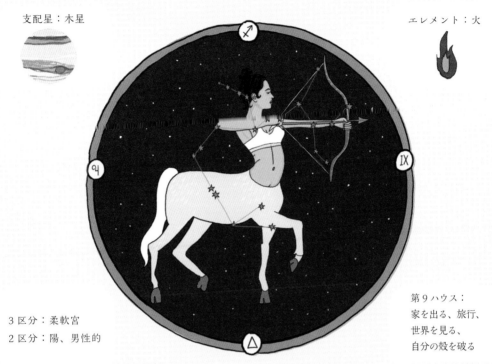

3区分：柔軟宮
2区分：陽、男性的

第9ハウス：
家を出る、旅行、
世界を見る、
自分の殻を破る

射手座は12サインの中で最も勇敢な性質です。射手座のエネルギーは私たちにわかち合い、心を開き、楽しみ、与え合うことを教えてくれます。また、射手座は安全な場所から抜け出して境界線を超え、世界を眺め、満足を求めて手を伸ばします。落ち着きがないように見えるのは、常に学びと発見を求めているからです。社交的ではありますが、軽薄ではありません。火のサインの中で最も哲学に興味を抱き、人々の考えを知ろうとします。射手座の学びは常に、経験をもとに培うもの。情熱的に生き、楽観的です。仲間と一緒に出かけたり、旅をすることを何よりも楽しみます。開放的で寛容で、さまざまな背景や考え方や意見を持つ人々と交流します。一方、やや気が散りやすく、責任から逃れようとする側面もあるかもしれません。もしもあなたが射手座で、こうした特徴が当てはまらないと感じる場合は、最も影響力を持つサインは何か、出生図（P.154）を作成して調べてみて下さい。

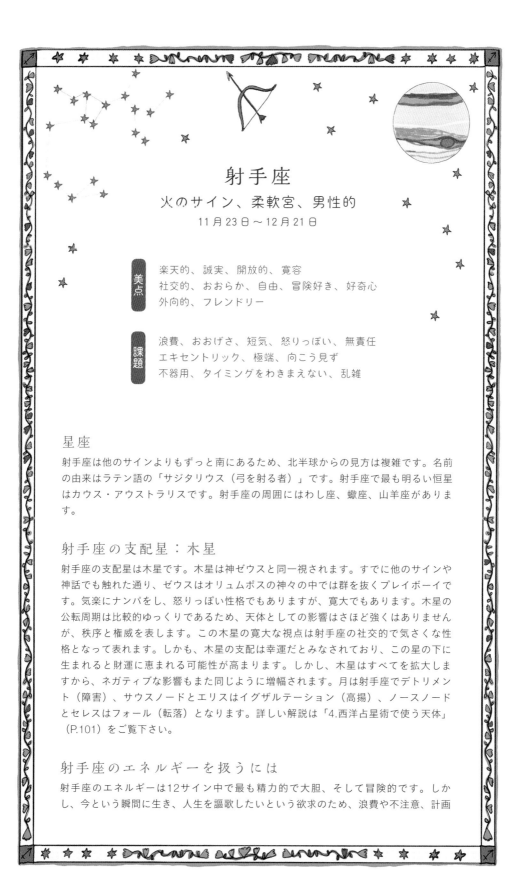

射手座
火のサイン、柔軟宮、男性的
11月23日～12月21日

美点
楽天的、誠実、開放的、寛容
社交的、おおらか、自由、冒険好き、好奇心
外向的、フレンドリー

課題
浪費、おおげさ、短気、怒りっぽい、無責任
エキセントリック、極端、向こう見ず
不器用、タイミングをわきまえない、乱雑

星座

射手座は他のサインよりもずっと南にあるため、北半球からの見方は複雑です。名前の由来はラテン語の「サジタリウス（弓を射る者）」です。射手座で最も明るい恒星はカウス・アウストラリスです。射手座の周囲にはわし座、蠍座、山羊座があります。

射手座の支配星：木星

射手座の支配星は木星です。木星は神ゼウスと同一視されます。すでに他のサインや神話でも触れた通り、ゼウスはオリュムポスの神々の中では群を抜くプレイボーイです。気楽にナンパをし、怒りっぽい性格でもありますが、寛大でもあります。木星の公転周期は比較的ゆっくりであるため、天体としての影響はさほど強くはありませんが、秩序と権威を表します。この木星の寛大な視点は射手座の社交的で気さくな性格となって表れます。しかも、木星の支配は幸運だとみなされており、この星の下に生まれると財運に恵まれる可能性が高まります。しかし、木星はすべてを拡大しますから、ネガティブな影響もまた同じように増幅されます。月は射手座でデトリメント（障害）、サウスノードとエリスはイグザルテーション（高揚）、ノースノードとセレスはフォール（転落）となります。詳しい解説は「4.西洋占星術で使う天体」（P.101）をご覧下さい。

射手座のエネルギーを扱うには

射手座のエネルギーは12サイン中で最も精力的で大胆、そして冒険的です。しかし、今という瞬間に生き、人生を謳歌したいという欲求のため、浪費や不注意、計画

やまとまりのなさが危険な状況を生む可能性があります。射手座は生涯、できる限り自己の整理整頓に努める必要があるでしょう。出生図で地のサインに位置するものがなければ、たゆまず動き続けるエネルギーを方向づけるガイドラインを作る努力をして下さい。躍動的なエネルギーを抑えるのではなく、上手に解き放つのです。例えば、安価だけれども大切でないものにお金を費やすよりは、きちんと金銭管理をして習い事の費用にあてたり、楽しめる活動のために使ったり、旅行の費用にしたりするなどです。また、心から楽しめることを収入源にするとよいでしょう。というのも、退屈で単調な仕事は射手座の炎を消してしまうかもしれないからです。射手座の性格とパワフルなエネルギーを扱う鍵は、本質的なエッセンスを否定せず、自分で立てた指針に沿って活かすことなのです。

射手座の守護石と花とラッキーカラー

射手座に最適なお守りは精神を落ち着かせて霊性を高め、よい決断へと導いて幸運を呼び込み、それを維持する穏やかさと冷静さをもたらしてくれるものです。

名称	種類		働き
サファイア	青い宝石		内面を穏やかにして、できるだけ冷静な決断ができるように導きます。
オパール	マルチカラーの半貴石		射手座の人が自分を信じ、潜在能力を存分に活かして最善を尽くすのを助けます。
ラピスラズリ	青い貴石		精神力と知性に関連します。
ローリエ	植物		幸運と富を引き寄せます。射手座の人はローリエの葉をバッグの中に入れて持ち歩くとよいでしょう。
カーネーション	花		欲望と魅力を象徴します。
バイオレット	色		バイオレットまたはそれに近い色（紫、藤色など）は経済的な富と反映を表し、スピリチュアルで神秘的な学びの旅とも関連します。

サインを表す　　　節制
タロットカード

それぞれのサインには、その性質を象徴
するタロットカードがあります。射手座
を表すのは「節制」です。節制のカード
は中庸とバランス、ちょうどよい分量を
表します。これらは射手座に備わってい
ないもの。生涯かけて学ぶテーマです。

射手座の著名人：マイリー・サイラス、
ブリトニー・スピアーズ、ブラッド・ピ
ット、スティーブン・スピルバーグ、ク
リスティーナ・アギレラ

 射手座が物質的な繁栄を
得るためのおまじない

用意するもの

- 炭
- マッチ
- 砂糖
- ローリエの葉

方法

広くて安全な場所で、炭を燃やしても大丈夫な容器の中で、炭
に火をつけます。ローリエと砂糖をそこに入れながら「ほしい
お金が入ってきます。ローリエが燃えてお金がやってきます」
と繰り返し唱えます。葉が完全に燃えたら、再び同じフレーズ
を唱えながら灰を空中にまいて下さい。

射手座との相性

太陽のサインだけでなく、月や金星、
火星のサインでも見てみましょう。

＋（相手も）射手座

♥♥♥♥♥♥♥♥♡♡

自由を求める者同士で理解し
合い、相手の気持ちを尊重し
ます。ただし、お金の管理は
おおざっぱ。こまかいことは
気にせず、楽天的に進んでい
くでしょう。

＋獅子座

♥♥♥♥♥♥♥♥♥♡

とてもよい相性です。生活に
対する意欲も高く、身体の相
性も良好。衝突があるとすれ
ば、獅子座がかまってもらお
うとしし、すねるときかもし
れません。

＋牡羊座

♥♥♥♥♥♥♥♡♡♡

いろいろな面でよい組み合わ
せ。ですが、どちらも衝動的
な性質を持ち、口論もありそ
うです。牡羊座のほうが嫉妬
の気持ちを表しそうです。

＋双子座

♥♥♥♥♥♥♥♥♥♡

正反対の者同士、補い合える
相性。常に双子座が新しい情
報をもたらし、射手座はそれ
を取り入れます。変わったア
イデアを二人で実現させてい
ける組み合わせです。

＋水瓶座

♥♥♥♥♥♥♥♥♥♡

自由を愛する二人。水瓶座に
とって射手座は気楽に見え、
射手座にとって水瓶座は少し
変わっているように見えます。
互いに相手の領域をリスペク
トします。

＋天秤座

♥♥♥♥♥♥♡♡♡♡

天秤座は相手にバランス感覚
と安定を求め、同時に自分の
領域を尊重してもらいたいと
感じます。射手座は相手を尊
重しますが、それ以外の点で
天秤座は繊細すぎると感じる
かもしれません。

＋魚座

♥♥♥♥♥♥♡♡♡♡

好きな気持ちは芽生えても、
射手座は魚座のエモーショナ
ルな部分を負担に感じます。
でも、理想を思い描いて頑張
る点では意気投合できるで
しょう。

＋蟹座

♥♥♥♥♥♥♡♡♡♡

射手座のストレートな表現が
蟹座の心を傷つけそうです。
また、二人だけの世界を作り
たい蟹座に対して、射手座は
もっとオープンに、気楽にい
こうとします。

＋蠍座

♥♥♥♥♥♥♡♡♡♡

共に楽しく過ごせますが、深
いつながりを求める蠍座に
とって、ある一定を超えた精
神的な深みにはなかなか発展
しづらいでしょう。

＋牡牛座

♥♥♥♥♥♡♡♡♡♡

生活に安定と静けさを求める
牡牛座にとって、射手座との
時間はまるでジェットコース
ターに乗せられるようなもの
です。敬遠される可能性が高
いかもしれません。

＋乙女座

♥♥♥♥♥♡♡♡♡♡

落ち着いていて現実的な乙女
座にとって、射手座の提案は
めちゃくちゃなものに感じら
れそうです。一方、射手座は
そんな乙女座を単調でつまら
ないと感じます。

＋山羊座

♥♥♥♥♥♡♡♡♡♡

射手座の大胆なアイデアを山
羊座が実現させる可能性はあ
りますが、恋愛においては互
いを誤解しがち。ビジネスで
は自分にないものを相手から
得ることができます。

射手座にまつわる神話

ケンタウロス

射手座の起源を語るためにはケンタウロスの存在が欠かせません。ケンタウロスは神話上の生き物で、下半身が馬、上半身は人間です。星座では弓を構えて矢を放とうとしている姿であり、射手座の活力と勢いが見てとれます。

ケンタウロスが射手座だという見方で統一されているわけではありませんが、そのイメージは集合的なイマジネーションに浸透しています。ケンタウロスが弓矢を使うところを語る部分は、古代の神話のどこにも出てきません。そのため、射手座はサテュロスの一人であるクラトスではないかと考えられています。サテュロスも神話に登場する生き物で、ケンタウロスと似たところがあります。上半身は人間で、下半身は羊です。サテュロスは音楽などの技芸の女神ミューズたちと共に暮らしており、朗らかでおしゃべりで、どちらかといえば射手座のアーキタイプによく当てはまります。ケンタウロスのほうはやや神秘的で堂々としており、活発にコミュニケーションをする性質ではありません。

ミューズたちと暮らしていたサテュロスたちの一人であるクラトスは、二つの発明をしたと言われます。それは拍手とアーチェリーです（それを作り出したのは他の神々や生き物だとする神話もあります）。

そのようなわけで、射手座の起源はケンタウロスというよりはサテュロスだと考えることができます。一方、射手座はケンタウロス族のケイローンだと考える人々もいます（小惑星のカイロンについては、また後で別に解説します）。

ケイローンの父は時間の神クロノス（ゼウスやポセイドン、ハデス、ヘスティア、デメテル、ヘラの父でもあります）、母はピリュラー（水の妖精）です。ケンタウロス族は常に不機嫌で、人間と関わろうとはせず、粗野で鈍感な性質として知られています。しかし、ケイローンは教養があって物静かなケンタウロスであり、音楽や狩猟など多くの技芸に秀でていました。ギリシャ神話の有名な英雄たちの家庭教師であったとも言われます。

ケンタウロスの起源

ほとんどの神話がそうであるように、ケンタウロス族の起源についても複数の説があります。あるバージョンでは、彼らはケンタウロス（テッサリアの王イクシオンと雲の女神ネペレーの息子）の子孫で、マグネシアという都市の雌馬との間に生まれたとされています。ギリシャ神話のケンタウロスは人間の残

虐さと野蛮なふるまいの隠喩として使われています。人間とケンタウロス族との戦争はケンタウロマキアと呼ばれ、理性や文化や法の力が野蛮な力に打ち勝つことを暗示しています。ティターン神族の神話の数々も同じことを伝えようとしています。しかし、ケンタウロス族の中でもケイローンとフォルスは文明や芸術、文化の面で人間の側にいます。西洋占星術ではケイローンにちなんで名づけられた天体も用いますから、次の章（P.138）でご紹介します。

射手座〜山羊座のカスプ　12月19日〜12月25日

射手座の季節

12月19日

12月25日

山羊座の季節

蠍座　♏︎
水　☿
固定宮
陰

射手座
火
柔軟宮
陽

山羊座
地
活動宮
陰

水瓶座
風
固定宮
陽

サインの変わり目の前後に生まれた人々はカスプに該当します。この図で示す角度の範囲に誕生日がある場合は、前後のサインの性質を帯びる可能性があります。出生図の他の部分の状態によって、自分の特徴が太陽のサインによく当てはまっているか、他のサインのほうに近いか、感じ方がさまざまに分かれます。

このカスプに生まれた人は射手座の強い学習意欲とチャレンジ精神に加えて、山羊座の野心的なマインドと勤勉さを持ちます。

さらに、射手座の大雑把で野放図な面が山羊座の抑制力で中和され、常に好奇心を抱きつつ、実質的で無駄のないポジティブなエネルギーを得るでしょう。

ネガティブな面としては、自分よりもペースが遅い人たちや、理解が遅い人たちに対して短気であり、思い通りに物事が進まないと怒りを爆発させる傾向が挙げられます。

山羊座

12月22日～1月19日

支配星：土星

エレメント：地

3区分：活動宮
2区分：陰、
　　　　女性的

第10ハウス：
社会的地位、
ステイタス、職業

山羊座は地のサインの中で最も野心的で、強い意志を持ち、人生に安定を求めます。そのために、よい仕事とよい人間関係を築くことを重視します。それは冷たく打算的と言えるでしょうか？　答えはイエスであり、ノーとも言えます。山羊座は冷たいのではなく、どこか皮肉っぽいところがあります。感情を表に出しませんが、何も感じていないわけではありません。むしろ、傷つくことから自分を守ろうとするほど感情が豊かです。山羊座の人々の信頼を得るには、気持ちを伝えるよりも行動で示すことです。彼らは言葉よりも実際の行動のほうに説得力を感じます。彼らの要求が多いのは、彼ら自身が多くを与える人だからです。社会的な地位を重んじますが、上流階級に取り入ることはせず、努力で自らの地位を獲得した人々との交流を好みます。

山羊座
地のサイン、活動宮、女性的
12月22日～1月19日

美点
持続力、野心、正直、忠実、自信、信頼できる
現実的、粘り強い、一貫性、意思決定の力が強い
ビジネスの勘が鋭い

課題
わがまま、冷淡、不満、憂鬱、傲慢
融通が利かない、シャイ、無気力、支配
強迫的、物質主義的

星座

山羊座は黄道の射手座と水瓶座の間に位置します。他にはわし座やけんびきょう座、みなみのうお座が近くにあります（P.10～11の天体図をご覧下さい）。山羊座は大きさは中程度の星座です。最古の星座ではありませんが、紀元2世紀にはすでに黄道の重要な星座として知られていました。山羊座は薄暗い星座です。最も目立つ恒星は「山羊の尻尾」を意味するデネブ・アルゲディです。

山羊座の支配星：土星

山羊座の支配星は土星です。フランシスコ・デ・ゴヤの絵画『我が子を食らうサトゥルヌス』をご存じでしょうか？　ローマ神話のサトゥルヌス（ギリシャ神話ではクロノス）はゼウスやポセイドン、ヘスティア、ヘラ、ハデスなど、よく知られた神々の父親です。神だけでなく、アフロスやビュトス、カイロンといった神話の人物も生み出しました。サトゥルヌスは自らの権力を失うのを恐れ、子どもたちを食べてしまったことで有名です。最後にはガイアとゼウスによって打ち負かされました。土星による支配は権力にまつわる問題を山羊座に引き起こします（神話を知る人はよく想像できるでしょう）。地位へのこだわりや自らを仕事漬けにする行為、仕事、厳しい規則や法律、構造、無感覚といったことも問題として挙げられます。月は山羊座でデトリメント（障害）、火星はイグザルテーション（高揚）、木星はフォール（転落）となります。詳しい解説は「4.西洋占星術で使う天体」（P.101）をご覧下さい。

山羊座のエネルギーを扱うには

山羊座のエネルギーは大志や執念、困難の克服、目標や目的の達成と密接につながっているため、努力や献身が自然にできるでしょう。山羊座の人々にとって人生は

登山のようなものであり、さらに先へと努力を続け、成長し、自分の能力を自分で確かめ、また、周囲にも示します。その一方で、人生の明るく楽しい側面を忘れがちかもしれません。山羊座には四角四面なところがあり、そこに小さな二分化が見られます。主導権を失いたくない気持ちがある一方で、「たぶん無理だろう」とあきらめる気持ちもあるのです。そこで彼らはすべてを運命に任せてしまいます（これはかなり悲観的な態度です）。この傾向を避けるために、「自分を放棄する」ことなく楽しんだり、日々の社会的な活動をしたりすることが大切です。例えば、友達と会話をしたり、日にちを決めて家族と午前中に一緒に過ごしたりするなどです。こうした交流を日々のルーティンの中に組み込むことがポイントです。

山羊座の守護石と花とラッキーカラー

山羊座にふさわしいお守りは目標の達成を助けながら感情面とのバランスをもたらし、感情と欲望の両面において求めるものの獲得を促すものです。

名称	種類		働き
オニキス	黒い半貴石		身に着けると自信と強さ、忍耐力が得られます。
ヘマタイト	グレーの半貴石		悪いエネルギーを祓って楽観的な視点を強め、スピリチュアル面と肉体の間にバランスをもたらします。
スモーキークオーツ	赤い半貴石		集中力と記憶力を高め、精神的なプロセス全般に働きかけます。
ガーネット	ダークレッドの半貴石		勇気と強さをもたらします。すべてを失ったと感じるときに、ガーネットは山羊座に希望を取り戻す助けをしてくれるでしょう。
スミレ	花		明るい色とソフトな花びらは、デリケートでありながら強い性質を象徴します。
グレー	色		中立的で落ち着いており、機能的で実用的。バランス感覚と山羊座の真面目な性質を表します。また知性を示す色でもあります。

サインを表す
タロットカード　　　悪魔

それぞれのサインには、その性質を象徴する
タロットカードがあります。山羊座を表すの
は「悪魔」です。山羊座が悪魔だというの
ではなく、人々が自ら鎖で自分をつないでい
ることにポイントがあります。自らが抱く上昇
志向のために、山羊座の苦悩が生まれます。
大部分のしがらみは、自分の自由意志で断
ち切らねばならないという教えが含まれてい
ます。

山羊座の著名人：デヴィッド・ボウイ、ミシ
ェル・オバマ、ケイト・モス、ブラッドリー・
クーパー

★　山羊座に保護と平穏を　★
もたらすおまじない

用意するもの

- サンダルウッドのお香
- 天然のアメジスト(紫)
- リンデンのお茶(ハーブティー)

方法

換気のよい場所でサンダルウッドのお香を焚き、その右にアメ
ジストを置き、ハーブティーを作ります。「私は自分の目的を
穏やかに実現させます。私は強く、しなやかです」と7回唱えて
からハーブティーを飲み、お香が燃え尽きたら完了です。

山羊座との相性

太陽のサインだけでなく、月や金星、
火星のサインでも見てみましょう。

＋（相手も）山羊座

♥♥♥♥♥♥♥♥♥♡

同じ目標に向かい、共に頑張る素晴らしいカップルになれるでしょう。安定と成功を求める点も一致しています。

＋乙女座

♥♥♥♥♥♥♥♥♥♡

12サインの中で最もよい組み合わせの一つ。互いに誠実に、自らを高め合えます。慎重な乙女座と意志の強い山羊座が組めば、物事は着実に進みます。

＋牡牛座

♥♥♥♥♥♥♥♡♡♡

地のサイン同士で相性が合います。さらに、両者の違いが成長の糧になるでしょう。山羊座は楽しむことを、牡牛座は真面目に頑張ることを相手から学びます。

＋魚座

♥♥♥♥♥♥♡♡♡♡

一緒にいると魚座は安心感を覚え、山羊座は魚座の想像力やクリエイティブな側面を引き出します。互いの弱点を通して助け合える関係です。

＋蠍座

♥♥♥♥♥♥♥♥♡♡

12サイン中で最高のカップルの一つ。どちらも安定した深いつながりを求め、独占欲も持ち合わせます。深くて豊かな関係が築けるでしょう。

＋蟹座

♥♥♥♥♥♥♥♡♡♡

正反対の性質を補い合える関係です。家庭志向の蟹座に山羊座が物質的な側面をもたらし、互いに安心してくつろげます。

＋天秤座

♥♥♡♡♥♥♥♡♡♡

風のサインの天秤座にとって山羊座は堅苦しく見えてしまいそう。一方、意見が定まらない天秤座に山羊座が辟易することもあります。努力が必要な組み合わせです。

＋双子座

♥♥♡♡♡♥♥♡♡♡

双子座のアイデアや着眼点に魅せられる一方、山羊座にとって双子座は動きがめまぐるしく、落ち着きがないように感じられます。友人としては、よい関係です。

＋水瓶座

♥♥♥♡♡♥♥♡♡♡

どちらも合理的な思考の持ち主ですが、交際範囲や発想の幅が広い水瓶座に山羊座が不安を感じることもあります。相手をコントロールしたい気持ちに駆られるかもしれません。

＋牡羊座

♥♥♥♡♥♥♥♥♡♡

芯が強い者同士ですが、性質は全く異なります。激しく競い合う関係になるかもしれません。山羊座の目には、牡羊座が理不尽で向こう見ずな性格に見えがちです。

＋獅子座

♥♥♥♡♡♥♥♥♡♡

うわべだけの魅力やお世辞には動じない山羊座ですが、相手が獅子座なら話は別です。華やかな獅子座が山羊座のジェラシーをかき立てなければ大丈夫でしょう。

＋射手座

♥♥♥♡♥♥♥♥♡♡

複雑な相性です。新しいものを見つけて生活を楽しみたい射手座に対し、山羊座は定番のものを好みます。射手座の行動は浪費のように感じられ、渋い顔をしそうです。

パーンの変身

山羊座の起源にまつわる神話には、いくつかのバージョンが存在します。

一つは神々の戦争を記したティタノマキアに見られるバージョンです。ティタノマキアとは、ティターン神族がゼウスらの神々から覇権を取り戻そうとして争い、大混乱と破壊を巻き起こした戦争です。この中に、パーンという半神半人が登場します。パーンは農業や牧畜に携わる人々から崇められていました。彼は下半身が山羊、上半身が人間の姿であるサテュロスの一人。技芸の女神ミューズたちをからかったり追いかけ回したりして暮らしていました。

そこにやってきたのがティターン神族が放った巨人テュポンです。神と神との大戦争の火蓋が切られたことを知り、パーンは急いでヘルメスの元へ知らせに行こうとしました。そうすれば、主神ゼウスに危機の知らせを伝えてもらえるでしょう。パーンは川に飛び込み、魚に変身して泳いでいこうとしましたが、変身は失敗し、山羊と魚が半々の姿になってしまいました。結局、知らせは間に合わず、ゼウスの身体はテュポンによってばらばらにされていました。ヘルメスとパーンはゼウスを元通りにつなぎ合わせ、戦える姿に戻しました。ゼウスは感謝して、パーンを天空の星座に変えました。

二つめのバージョンは豊穣の角、コルヌコピアにまつわる物語です。女神レアは幼いゼウスが父クロノスに食べられてしまわないように隠しました（クロノスは権力を奪われるのを恐れて、他の子どもたちを食べていたのです）。クレタ島にかくまわれたゼウスを育てていたのは精霊ニュンペの一人、アマルテイアでした。彼女は山羊のように、頭に大きな金の角を生やしていました。ある日、アマルテイアの角が取れて落ちたため、彼女はそれに果物や花やお菓子を詰めてゼウスにあげました。そのお礼として、ゼウスは山羊座を作ったということです。

西洋占星術での山羊座のシンボル

山羊座の性質はシンボルにうまく表れており、簡単に説明することができます。山羊座には二元性があります。その一つは、山羊が象徴するタフで粘り強い性質です。山羊は過酷な天候や環境に耐え、険しい山を登り続けます。もう一つは魚の尻尾です。魚は感情を象徴し、山羊座を水とつなげます。山羊座のサインが表しているのは、私たちがいかに感情面を通して大地の力と安定を見出すか、ということです。水が大地に滋養を与えるように、感情が精神に滋養を与えるのです。エモーショナルな心の動きを切り捨ててしまえば、いずれ知性も

枯渇してしまうでしょう。両面を調和させながら、人々とゆっくり関わることが大切です。このことは山羊座にとって、生涯をかけて学ぶべき課題となるでしょう。というのも、山羊座の人々は傷ついたり苦しんだりすることを嫌って自分の感情にフタをしがちな面があるからです。「人生は試練の連続だ」というのは

自分の思い込みかもしれません。自分の気持ちを人に伝え、心のふれあいをしてもよいのです。山羊座または第10ハウスに多くのエネルギーがある人々にはこの部分に難しさを見出すでしょう。特に、思春期に苦労する傾向が高いです。

山羊座〜水瓶座のカスプ　1月17日〜1月25日

サインの変わり目の前後に生まれた人々はカスプに該当します。この図で示す角度の範囲に誕生日がある場合は、前後のサインの性質を帯びる可能性があります。出生図の他の部分の状態によって、自分の特徴が太陽のサインによく当てはまっているか、他のサインのほうに近いか、感じ方がさまざまに分かれます。

このカスプに生まれた人は革新的な水瓶座のアイデアを得て、山羊座の意志や忍耐力によって実現させる力を持ちます。地のサインの真面目さや信頼が変化や反抗、革命といった風のサインの性質と出会うため、政治的にも大胆な考えを抱くでしょう。しっかりしたアイデアを持つ反面、他者に共感するのはあまり得意ではないかもしれません。

矛盾があると落ち着かなくなり、独裁者的にふるまう場合もあります。人間関係を軽く扱わないため、真剣な交際に進む際にはかなり慎重になるでしょう。そもそも交際の優先度は高くありません。

水瓶座
1月20日〜2月18日

支配星：天王星

エレメント：風

3区分：固定宮
2区分：陽、男性的

第11ハウス：
博愛主義、大義、
社会のつながり

水瓶座は革新的なものや、境界線を打ち破るものに関係があります。既成概念を打ち破る独創性がありますが、合理的で独立心に富んでいます。厄介者であることをむしろ誇りにするほどで、非常に個性的です。流行の最先端を走り、自らがトレンドセッターになることもあります。それでいて、個人よりもみんなに役立つことを重視します。政治的なムーブメントやNGO、労働組合などに真っ先に参加することもありますが、特定の人々やシチュエーションを助けようとする場合は個人的な動きをするでしょう。独立独歩でとらわれのない心を持つため、「私が一人でできるなら、あなたにもできるはず」と考えます。社交的で外向的ですが、断固とした一面もあり、一人の時間を求めます。その独立心が共感力のなさや感情の乏しさに見える場合もありますが、実は深い感情と高潔な価値観を持っています。

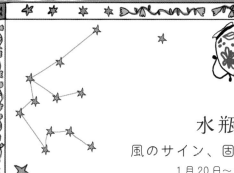

水瓶座

風のサイン、固定宮、男性的

1月20日〜2月18日

美点	革新的、反抗心、独創的、理性的、決断力 分析力、博愛、忍耐強さ、根気 クリエイティブ、面白さ

課題	気分にむらがある、人を不安にさせる 日和見主義、傲慢、エゴが強い、エキセントリック 矛盾、過激、変わりやすい、複雑

星座

水瓶座は黄道の中で最も大きな星座の一つです。くじら座やいるか座、魚座、エリダヌス座など水に関わる星座を擁する天空の「天の海」と呼ばれる場所に位置します（P.10〜11の天体図をご覧下さい）。水瓶座で最も明るい恒星はサダルスウドです。

水瓶座の支配星：天王星（および土星）

水瓶座の支配星は天王星です。天王星は反逆やアート、イノベーション、オリジナリティやユニークなアイデアに関わります。また発展やテクノロジー、理想とも関連します。構造を解体することも連想させます。ですから、水瓶座は黄道の12サインの中で最大の革命児であり、それらの特徴を独創的な性質として体現します。神話において、天王星と同一視されるウラノスは天空神であり、大地の女神ガイアの夫でした。原初のティターン神の一人であり、多くのティターン神やその他の神々の父となりました。子どもたちの中には前述のクロノスもおり、クロノスもまた重要な神々を生み出しています。天王星の第二の支配星は土星です。山羊座と同じような性質（理性的、安定、構造的）が当てはまります。水瓶座では太陽がデトリメント（障害）、冥王星がイグザルテーション（高揚）、海王星がフォール（転落）となります。詳しい解説は「4.西洋占星術で使う天体」（P.101）をご覧下さい。

水瓶座のエネルギーを扱うには

水瓶座は黄道12サイン中でトップを争う複雑性と矛盾を抱えています。革新的で独創的であり、反抗心もありますが、理性的で現実的でもあるのです。水瓶座の人々にとって最大の困難は、感情面の取り扱いです。彼らは超然としており、パートナーに

も自分のスペースと独立を尊重することを求めます。とにかく一人にしてほしい、と求める反面、愛想がよくて人なつこい面もあります。水瓶座に求められるのは共感力です。社会の公平性や正義の問題には心を痛めても、他者の気持ちには無頓着です。感情を理性で捉えようとするため、人の気持ちがわからなかったり、感情的すぎると感じたりするのです。水瓶座のハートの中には安定への欲求があり、他者にバランスを崩されるのを恐れます。関係が深まりそうになると唐突に冷たい態度をとるのは、自分がもろくなりそうで怖いからです。

水瓶座の守護石と花とラッキーカラー

水瓶座に最適なお守りは感情面とのつながりを促すものです。水瓶座はP.92でご紹介している神話に表れる要素やテーマと強いつながりがあります。

名称	種類		働き
ターコイズ	青緑色の半貴石		水瓶座に幸運をもたらすお守りです。原石が最も効果的です。
サファイア	青い宝石		決断をするとき、静寂と平穏をもたらします。
イーブルアイ（目玉模様のお守り）	青いクリスタル		敵や見せかけだけの友人たちの嫉妬や悪い感情から身を守ります。
ブラックトルマリン	黒い半貴石		物事をはっきりさせたいときの他、特定の目標やゴールに集中したいときに役立ちます。
ラン	花		個性とオリジナリティを象徴します。
ターコイズ	色		創造力や世界、集合を意味し、水瓶座の支配星の天王星と関係しています。虹色も水瓶座にふさわしいです。

星

それぞれのサインには、その性質を象徴
するタロットカードがあります。水瓶座
を表すのは「星」です。水瓶座も第11ハ
ウスも物質を超越してすべてを全体に明
け渡し、身をゆだねて社会に影響を与え
ようとします。星のカードの他に「魔術
師」（新奇で独創的な人物）や「愚者」
も水瓶座に対応します。

水瓶座の著名人：モーツァルト、アルヴ
ァ・アアルト、ジェームズ・ディーン、
クリスティアーノ・ロナウド、ヤング・
ビーフ、シャキーラ、パリス・ヒルトン

 ## 水瓶座が不安を乗り越え
決断するためのおまじない

用意するもの

- アクリル絵の具
- 絵筆
- ガラスの蓋つきの木箱
- 天然石6個

方法

満月の日に、直感がおもむくままに石を絵の具で色づけし、乾
いたら箱に入れます。箱を暗い場所に保管しておき、不安や迷
いが生じたときに深呼吸しながら石を眺めて下さい。自分とつ
ながり、不安が払拭できるでしょう。

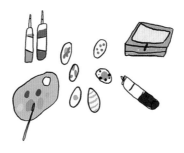

水瓶座との相性

太陽のサインだけでなく、月や金星、
火星のサインでも見てみましょう。

＋（相手も）水瓶座

♥♥♥♥♥♥♥♥♥

素晴らしいカップルになるで
しょう。自由を謳歌し、独創
的な世界を作ります。水瓶座
同士の相性がよいことは確実
です。

＋双子座

♥♥♥♥♥♥♥♥♥

共に社交的で外向的。自分は
自分という感覚を持ちつつ、
相手に魅了されるでしょう。
関係をはっきりさせることに
は関心がなさそうです。

＋天秤座

♥♥♥♥♥♥♥♥♥

やや優柔不断な天秤座ですが、
水瓶座はそれなりに対応でき
そうです。ただし、気分の上
下が習慣的になれば、水瓶座
は関係に飽きるかもしれませ
ん。

＋獅子座

♥♥♥♥♥♥♥♥♥

互いに補い合える関係です。
獅子座は創造性や自我を、水
瓶座はグローバルな視野を与
え、楽しい時間が持てます。
長期的には獅子座が嫉妬を覚
えるかもしれません。

＋牡羊座

♥♥♥♥♥ ♥♥♥♥

互いに強く惹かれます。どち
らも人との交流を好み、どち
らかと言えば大胆です。情熱
的な関係に発展しますが、牡
羊座が怒ると水瓶座は対処で
きません。

＋射手座

♥♥♥♥♥♥♥♥♥

何にもとらわれず、未来や意
外性を感じさせるものを探し
求める二人ですが、射手座が
無責任な態度を見せると、水
瓶座は神経を尖らせそうです。

＋牡牛座

♥♥♥♥ ♥♥♥♥

どっしりとした牡牛座の安定
感に惹かれますが、牡牛座に
とって水瓶座はあまりに斬新
です。水瓶座のほうは、少し
息抜きが必要になるでしょう。

＋乙女座

♥♥♥♥ ♥♥♥♥

どちらも分析力と論理性に長
けていますが、水瓶座は切り
替えが早く、乙女座は継続し
て発展させるほうが得意です。
双方に忍耐力が求められます。

＋山羊座

♥♥♥♥ ♥♥♥♥

論理的で個人主義な面は似て
いても、山羊座は安定と確か
な約束を求めます。束縛を感
じると、水瓶座はうんざりし
てしまいます。

＋魚座

♥♥♥♥ ♥♥♥♥

魚座は相手との一体感を求め、
愛と理想を掲げて感情を表
すため、水瓶座の冷静さに傷
ついてしまうかもしれません。
それでも互いに魅力を感じ合
います。

＋蠍座

♥♥♥♥♥♥♥♥

ユニークで不思議な個性を持
つ蠍座が、激しくて強い感情
のやりとりを求めると、淡白
な水瓶座は怖がってしまう可
能性が高いです。

＋蟹座

♥♥♥♥ ♥♥♥♥

蟹座から気分の変わりやすさ
と大げさな感情表現の両方を
ぶつけられると、水瓶座は耐
えきれずに激怒するかもしれ
ません。努力を要する関係で
す。

神々に愛された
ガニュメデス

水瓶座という星座はギリシャよりも前に、エジプト文明やシュメール文明で観測されていました。どの文明においても、水瓶を持つ人物、あるいは水を注ぐ器の形になぞらえていることは共通しています。エジプト人にとってはナイル川の氾濫と生命の始まりを、シュメール人にとっては神アンと生命の始まりを意味していました。

ギリシャ神話ではゼウスと絶世の美少年ガニュメデスが登場します。ガニュメデスはトロイアの王子ですから、たいへん高貴な身分です。もちろん、ゼウスはこの美少年を気に入りました。ある日、野原に出ていたガニュメデスは大きな鷲にさらわれ、オリュムポスの山へと連れ去られてしまいます。その鷲とは、ゼウスが変身した姿でした。神々が住む地に降り立つと、ゼウスはガニュメデスにすべての神にお酌をして回るように命じました。後継ぎの一人息子である王子をさらったお詫びとして、ゼウスはガニュメデスの父親に不老不死の白馬など、次々と贈り物をしました。さらに、水瓶を捧げ持つガニュメデスの姿を模して、天空に星座を作りました。

ガニュメデスはオリュムポスの神々にたいへん気に入られ、ゼウスの最も忠実な従者の一人になりました。

水瓶座の星座の隣にはわし座があります（P.10～11の天体図をご覧下さい）。ゼウスが美少年を誘拐するために変身した鷲を思い出させます（牡牛座にまつわる P.29「エウロパの誘拐」も、あわせてご覧下さい）。

西洋占星術での
水瓶座のシンボル

水瓶座は風のサインであり、山羊座は地のサインですが、どちらも間接的に水の要素と関係しています。山羊座のシンボルにある魚の尻尾が大地を潤す水（感情が論理を強化し、理性は感情を曇らせない）を示していますが、水瓶座の水は変化を表します。星座の形の給仕が抱えた瓶から水が流れて地に注ぎ、革命を起こし、動かし、変化させるのです。

一方では、これは水瓶座の反抗的で落ち着きのない性質やダイナミックな性格と、革命とのコネクションを表します。他方では、前にも述べたように、内面の乱気流のような動きを表します。水瓶座は独立心が旺盛である一方、革新的なものへの欲求を感じるゆえに、囚われて停滞しているようにも感じるときが多いのです。感情の流れを自由に感じること（瓶の中の水のような性質）は、

理性的で現実的な思考をする水瓶座に
とって難しいかもしれません。水瓶座は
黄道の中で、最後から二番目のサイン
です。最後のサインである魚座と共に、
感情を成熟させていくことを担っていま
す。どちらの星座にも、それを困難にさ
せる理由がいくつもありますが、それら

を乗り越えて感情面を成長させることが
人生の至高の到達点であり、真の自分
を受け入れることにつながります。

水瓶座の季節

2月17日

2月23日

魚座の季節

山羊座
地
活動宮
陰

水瓶座
風
固定宮
陽

魚座 ♓
柔軟宮
陰

サインの変わり目の前後に生
まれた人々はカスプに該当し
ます。この図で示す角度の範
囲に誕生日がある場合は、前
後のサインの性質を帯びる可
能性があります。出生図の他
の部分の状態によって、自分
の特徴が太陽のサインによく
当てはまっているか、他のサ
インのほうに近いか、感じ方
がさまざまに分かれます。

このカスプに生まれた人の最
も目立つ特徴は、個人レベル
だけでなく集合レベルでも
人々を救い、助けようとする
ことです。水瓶座の人道主義
と魚座の共感力や豊かな感情
が合わさり、非常に献身的で
思いやりのある人になりま
す。人道的な問題や政治的な
問題に関心を示し、大義のた
めにわが身を投げ打って貢献
する力があり、出会った人々
に深い印象を残すでしょう。

他人のために生きて自分のア
イデンティティを失うほどま
でになると、この特徴がネガ
ティブに表れていることにな
ります。

魚座

2月19日～3月20日

支配星：海王星

エレメント：水

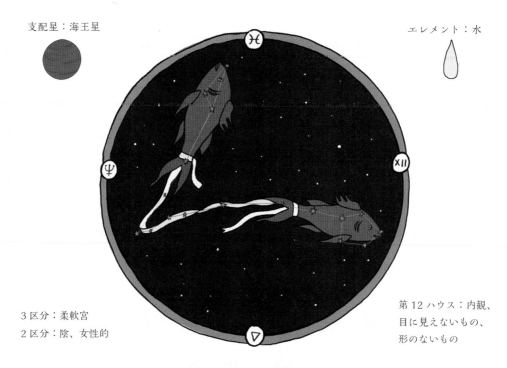

3区分：柔軟宮
2区分：陰、女性的

第12ハウス：内観、
目に見えないもの、
形のないもの

魚座は12サインの中で最もクリエイティブで感受性が高く、夢見がちな性質です。夢想や潜在意識、イマジネーション、芸術、霊性の領域に対する感性を持っています。魚座の人々はたいてい繊細で優しく、ナイーブで共感力に富みますが、出生図で他のエネルギーが得にくい配置なら、感情的な力を安定させづらいかもしれません。つかみどころのない性格になり、対立や衝突が苦手だと思い込むこともあるため、楽観的で朗らかな性格との矛盾が生じる可能性があります。また、夢想家で、明晰夢や白昼夢に浸ることもあります。決断をしようとしても臆病になってしまい、物事に対して熱心になりにくい一面もありそうです。しかし、魚座の人々はみな芸術的で空想が好きな傾向があり、特に音楽や詩の世界では、心のやすらぎが見出せるでしょう。

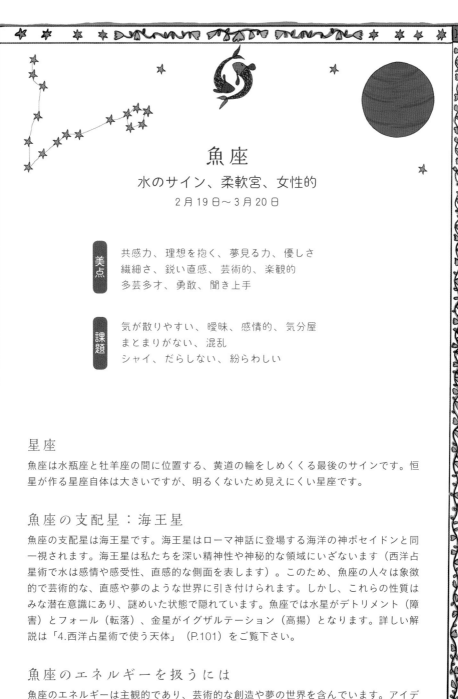

魚座
水のサイン、柔軟宮、女性的
2月19日〜3月20日

美点
共感力、理想を抱く、夢見る力、優しさ
繊細さ、鋭い直感、芸術的、楽観的
多芸多才、勇敢、聞き上手

課題
気が散りやすい、曖昧、感情的、気分屋
まとまりがない、混乱
シャイ、だらしない、紛らわしい

星座
魚座は水瓶座と牡羊座の間に位置する、黄道の輪をしめくくる最後のサインです。恒星が作る星座自体は大きいですが、明るくないため見えにくい星座です。

魚座の支配星：海王星
魚座の支配星は海王星です。海王星はローマ神話に登場する海洋の神ポセイドンと同一視されます。海王星は私たちを深い精神性や神秘的な領域にいざないます（西洋占星術で水は感情や感受性、直感的な側面を表します）。このため、魚座の人々は象徴的で芸術的な、直感や夢のような世界に引き付けられます。しかし、これらの性質はみな潜在意識にあり、謎めいた状態で隠れています。魚座では水星がデトリメント（障害）とフォール（転落）、金星がイグザルテーション（高揚）となります。詳しい解説は「4.西洋占星術で使う天体」（P.101）をご覧下さい。

魚座のエネルギーを扱うには
魚座のエネルギーは主観的であり、芸術的な創造や夢の世界を含んでいます。アイデアの実現や芸術的な衝動を具現化するために、感情が現実から離れてしまわないようにすることが主な課題です。この逃避が怠けぐせや薬物などへの依存や人間関係への依存として表れることもあります。悪循環に陥らないために、出生図で魚座のエネルギーが強い人は、乙女座-魚座軸（P.16）を意識しましょう。乙女座は魚座の補完的なサインであり、乙女座のエネルギーはルーティンや日課、自己管理に特化してい

ます。魚座の特質を最大限に活かすには、正反対の乙女座のエネルギーが欠かせません。秩序やコントロールを維持することで、魚座は持てる創造性を存分に発揮できるのです。乙女座のガイドラインが支えになれば、感情的な力を自分と周囲の両方に注げます。この乙女座の路線に従い、人との間にうまく線引きをして下さい。というのも、魚座は他人に意識を注ぎ、自分を忘れてしまう傾向があるからです。境界線を引くことにより、自分の気持ちを大切にしながら、空想に溺れることなく人を助けることができるでしょう。

魚座の守護石と花とラッキーカラー

魚座にぴったりのお守りは感情のバランスを保ち、悪循環に陥るのを回避し、自分に備わる才能と創造性を最大限に活かすものです。

名称	種類		働き
ブルーレースアゲート	青い半貴石		内気さの克服。身に着けると心が落ち着き、穏やかになれます。
ソーダ石	ダークブルーの半貴石		身に着けると地に足がつきやすくなるでしょう。直感と理性の統合を促します。
アクアマリン	青緑色の宝石		心を穏やかにして、バランスがとれた決断ができるように助けます。
魚のモチーフ	物		魚座に幸運を招きます。魚の形のジュエリーもラッキーなことを引き寄せます。
ダリア	花		感謝と共感を象徴します。
青	色		海と感情に関する色です。魚座にとっては潜在意識とのつながりも意味します。

サインを表す
タロットカード　　月

それぞれのサインには、その性質を象徴
するタロットカードがあります。魚座を
表すのは「月」です。月は蟹座の支配星
ですが、タロットでは魚座の感情的な性
質に潜む危険を表しています。感覚性と
想像力が非常に強く、うまく扱わなけれ
ば悲しみに暮れてばかりになる可能性も
あります。

魚座の著名人：カート・コバーン、バ
ッド・ギャル、バッド・バニー、リアー
ナ、ガブリエル・ガルシア＝マルケス、
ライザ・ミネリ

★ 魚座に生産性とやる気を ★
もたらすおまじない

用意するもの

- サンダルウッドのお香
- ホワイトクオーツ
- 土を入れた容器

方法

満月の日に、容器の中の土にホワイトクオーツを埋め、お香を
焚き、一晩月明りの下に置きます。「月がこの石を浄化します
ように。大地がこの石によい意図を、風が強さを与えてくれま
すように」と唱えます。朝日が差す前にクオーツを土から取り
出し、机の上に置いておきましょう。

魚座との相性

太陽のサインだけでなく、月や金星、
火星のサインでも見てみましょう。

＋（相手も）魚座
♥♥♥♥♥♥♥♥♥♥

魚座同士の組み合わせは感情面でパーフェクトに調和します。一方、感受性の強さが混乱を招くこともあり、成長につながりにくいかもしれません。

＋蟹座
♥♥♥♥♥♥♥♥♥♥

感情面や身体面での相性はよいものの、強い気持ちがぶつかり合って激しいケンカも起こりそうです。耐える力が求められるでしょう。

＋蠍座
♥♥♥♥♥♥♥♥♥♥

深い心のやりとりができ、互いに充実した関係が持てるでしょう。そのために、やや疲れてしまうときもありそうです。

＋乙女座
♥♥♥♥♥♥♥♥♥♥

互いによいバランスが保てる、正反対の二人です。魚座は乙女座から冷静になることを学び、潜在的な力を存分に開花できます。

＋山羊座
♥♥♥♥♥♥♥♥♥

真面目な山羊座とは有意義な関係が持てます。迷っているときは順序立てて考えることを、また魚座は心を開いて水に流すことを相手に教えます。

＋牡牛座
♥♥♥♥♥♥♥♥♥♥

優しく受け入れてもらいたい牡牛座と、不安なときは安心させてもらいたい魚座は互いにほっとする組み合わせです。長所を発揮し、穏やかに過ごせます。

＋水瓶座
♥♥♥♥♥♥♥♥♥

想像力が豊かでクリエイティブな二人ですが、水瓶座は理性的で独立独歩。魚座は頼れる相手を求めます。理解し合うのが難しい相性です。

＋双子座
♥♥♥♥♥♥♥♥♥

水瓶座と同じく双子座も自立性に富んでいますが、迷いながら何かを創り出そうとする面では、魚座と通じ合えると言えるでしょう。

＋天秤座
♥♥♥♥♥♥♥♥♥

天秤座が猜疑心を示して態度を変えると魚座は不安になり、ややバランスを崩してしまいます。ロマンティックな理想を描く点は共通しています。

＋牡羊座
♥♥♥♥♥♥♥♥♥

愛する人に常に共感していたい魚座は自分の感情も表現します。牡羊座の激しい気質は魚座を傷つけ、魚座のほうもまた牡羊座に強い感情をぶつけそうです。

＋射手座
♥♥♥♥♥♥♥♥♥

熱中しやすく激しい二人です。自由を求めて遠くへ行きたい射手座と、近くで寄り添っていたい魚座は求める世界が全く異なり、困難な相性です。

＋獅子座
♥♥♥♥♥♥♥♥♥

情熱的なひとときもありそうですが、獅子座は自分が中心です。同じ気持ちを感じていたい魚座は複雑な気持ちになるかもしれません。

魚座にまつわる神話

エロスとアフロディテ

　魚座の起源にまつわる神話には、女神アフロディテ（ローマ神話ではヴィーナス）とエロス（ローマ神話ではクピド）が登場します。エロスはアフロディテとアレス（ローマ神話ではマルス）の間に生まれた息子です。アフロディテは快楽の女神、アレスは暴力と戦争の神ですから、エロスの性質は想像に難くありません。彼は性的な魅力やセックス、愛を司る神になりました。ここでご紹介するのは、たくさんある神話の中の一つです（情熱や嫉妬、嘘や裏切りがふんだんに出てくる「エロスとプシュケ」の神話もありますが、それはまた別の物語です）。

　ある晴れた日の午後、アフロディテは幼いエロスを連れて川辺を散歩していました。彼女は腰を下ろし、近くでエロスを遊ばせているうちにうたた寝をしました。はっと気がつくと、恐ろしいことが起きそうになっていました。ティターン神族が放った凶暴な巨人テュポンがすぐ近くまで迫ってきていたのです。見つかったら最後、母子はずたずたに引き裂かれることでしょう。

　とっさにアフロディテはエロスの手をつかみ、川に飛び込みました。二人は魚に変身し、はぐれないように一本の帯で身体をくくり合わせ、流れに乗って逃げました。そうして安全な場所にたどり着くと、アフロディテは息子への贈り物として、天空に魚座を作ったといっことです。

　アッシリアにはさらに古い神話があり、半身が女性で半身が魚の姿をした女神アタルガティスまたはデルケトが登場します。この神話では、魚座は一匹の魚として表されています。

魚が象徴するもの

　魚はさまざまな文化でシンボルとして使われています。霊的なものや神秘的なものの象徴とされることが多く、西洋占星術でもそれは同じです。

　キリスト教では、魚は信仰心を表します。信じる心は豊かな恵みをもたらす、という考えからきています（イエスがパンと魚を大勢の人に与えた奇跡の逸話があります）。

　中国では、魚は結婚と愛の象徴とされています。鯉はつがいで泳ぐことから、カップルへの贈り物として縁起がよいと考えられています。

　スカンジナビアとヨーロッパでは、魚は手放すことと、あるがままを受け入れて適応する能力を表します。

　西洋占星術で魚座が象徴するものは、隠れていることや感情的なもの、感受性、そして物事の変化です。また、いかに変化に適応するかや、人生の出

来事に対する抵抗（または無抵抗）も表します。私たちは過去の出来事から学ぶ一方、それに囚われることなく手放して、前に進まなくてはなりません。そ

のようなときには魚座が「生命の流れに身を任せなさい」というパワフルな教えを授けてくれます。

魚座～牡羊座のカスプ　3月17日～3月23日

魚座の季節

3月17日

3月23日

牡羊座の季節

水瓶座

魚座

牡羊座

固定宮

柔軟宮

活動宮

陰

サインの変わり目の前後に生まれた人々はカスプに該当します。この図で示す角度の範囲に誕生日がある場合は、前後のサインの性質を帯びる可能性があります。出生図の他の部分の状態によって、自分の特徴が太陽のサインによく当てはまっているか、他のサインのほうに近いか、感じ方がさまざまに分かれます。

このカスプに生まれた人は非常に魅力的な人柄になります（特に男性）。朗らかで、共感力を表に出せるため、周囲をなごませますが、官能的でいつも楽しく過ごそうとしています。この配置と拮抗するものが出生図にない限り、パートナーを頻繁に変える傾向があるでしょう。激しい関係は短期間で過ぎ去り、また次の相手を探します。自分からそうとは示さず、暗に不満を表現したりする面はありますが、牡羊座のカリスマ性と魚座の優しさをあわせ持ちます。

4. 西洋占星術で使う天体

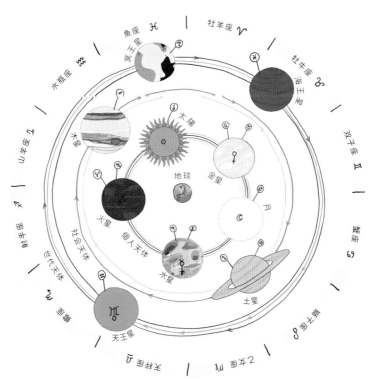

西洋占星術では地球の近くにある星はすべて天体として扱います。私たちの視点で見ると、天体は一つのサインから次のサインへと移動しながら黄道の輪を回っているように見えます。ですから、例えば、魚座にある天体は牡羊座へと移動するように見えるのです。また、前のサインに逆戻りするかのような「逆行」の期間もあります（P.105をご覧下さい）。黄道のどのサインに天体があるかによって、そのときのエネルギーがわかります。このことは出生図の解釈をするときにとても重要です。

水星、金星、火星、木星、土星、天王星、海王星、冥王星、そしてルミナリー（またはライツ）と呼ばれる太陽と月の他に、いくつかの重要なアングル（アセンダント、ディセンダント、MC、ノード軸、リリス）や小惑星について見てみましょう。

天体の分類

西洋占星術では天体を三つのグループに分けて考えます。
それぞれに、影響を与える領域が異なります。

⭐ 個人天体 ⭐

太陽、月、水星、金星、火星

公転周期が短いため、数日間から数週間でサインを移動します。これら
の天体の影響はコミュニケーションや恋愛、興味、感情や、議論にどう
対処するかなどの特徴に表れます。

太陽
基本的なアイデンティティ
自己イメージ

月
感情
内的世界

水星
コミュニケーション
興味

金星
愛情の持ち方
好み
感受性

火星
暴力
反抗心
セックス

⭐ 社会天体 ⭐

木星と土星

私たちがいかに社会と環境に影響を及ぼし、個人の成長にどうフォー
カスするかを表します。これらの天体が入るサインだけでなく、出生図
（P.154）でどのハウスに入っているかに注目してみて下さい。これら
の天体は同じサインに数か月から数年間滞在します。古代から知られた
天体であり、支配星としても昔から使われています。

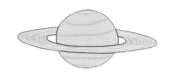

木星
充足
機会
将来性

土星
責任
成熟
自己批判

　世代天体、トランスパーソナルまたは　
スピリチュアル天体

天王星、海王星、冥王星

近代になってから西洋占星術に採用された天体です。公転周期が長い（同じサインに数年あるいは数十年間滞在する）ため、歴史的・社会的な出来事に注目しながら世代全体への影響と照らし合わせます。

天王星
インスピレーション
無意識
独立

海王星
創造力
夢
無意識

冥王星
死
再生
タブー

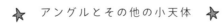　アングルとその他の小天体

この本ではこのあと、それぞれの天体とノード軸、リリス、アセンダント、ディセンダント、MCといった感受点ならびにカイロン、セレス、パラスなどの小惑星との間のアングルによる影響も見ていきます。出生図のアセンダント、太陽、月は三つの主要なポジションです。

ディグニティ（品位）

ディグニティとは？

西洋占星術では、天体と黄道のサインとの相性がよいかどうかをディグニティ（品位）という見方で判断します。天体にとって有利なサインとそうでないサイン、楽なサインとそうでないサインがあります。

支配星またはドミサイル（定座）：天体にとって居心地の良いサインです。天体のエネルギーが自然に流れ、楽に実現するでしょう。

デトリメント（障害）またはエグザイル：ドミサイルの正反対にあるサインです。その天体が扱う領域で、やや苦労する傾向があります。

イグザルテーション（高揚）：天体が最も影響力を高めるサインです。天体のエネルギーがパワフルに働きます。天体にとって有利な位置であり、その力をたやすく表現できるでしょう。

フォール（転落）：イグザルテーションの正反対にあるサインです。天体にとって不利なサインであり、居心地の悪さを感じるかもしれません。

天体	支配星	デトリメント	イグザルテーション	フォール
太陽	獅子座	水瓶座	牡羊座	天秤座
月	蟹座	山羊座	牡牛座	蠍座
水星	双子座 乙女座	射手座 魚座	乙女座	魚座
金星	牡牛座 天秤座	蠍座 牡羊座	魚座	乙女座
火星	牡羊座 蠍座	天秤座 牡牛座	山羊座	蟹座
木星	射手座 魚座	双子座 乙女座	蟹座	山羊座
土星	山羊座 水瓶座	蟹座 獅子座	天秤座	牡羊座
天王星	水瓶座	獅子座	蠍座	牡牛座
海王星	魚座	乙女座	蟹座	山羊座
冥王星	蠍座	牡牛座	魚座	乙女座

※各天体のディグニティについては、この本の別ページで記載のあるもの以外についても、諸説あります。

逆行

天体の逆行とは何ですか?

天体は黄道で、常に同じ方向に回転しています。しかし、地球から見て、ある天体が逆回転をしているように見える期間が発生します。これを「逆行」と呼びますが、天体が実際に逆回りを始めたわけではありません。その天体の動きがゆっくりであるため、後ろ向きに進んでいるように錯覚します。

占星術としての意味は?

逆行期間はその天体が司る問題について振り返り、内省するのにふさわしい時期です。心配する必要はありませんが、感受性がやや鈍くなるかもしれません。天体が扱う物事について、どのようにフォーカスすればよいか、見直しをする期間です。天体が順行に戻ったら(逆行期間が終わったら)、見直して得たことをすべて実行に移しましょう。

ルミナリー（太陽と月）

西洋占星術では、多くの光を放つ天体である太陽と月はルミナリーと呼ばれます。太陽と月は出生図の中心的な存在であり、最も影響力を持つ天体だと考えられています。

太陽は外に向けて輝くものであり、永続的で実体を形づくるもの、その人のエッセンス、男性的な側面を表します。月は（満ち欠けする月相のように）変化する感情や内面の世界、潜在意識、隠されたもの、エネルギー的なもの、女性的な側面を表します。月は太陽の光を反射することから、占星術では両者を一つのユニットとして捉えることもあります。

太陽と月は人としての私たちの人格や気質や性質の基礎を象徴します。父権的な文化の起源とも関係があります。太陽は男性性や権力、月は女性性や神秘性と関連づけられます。この知識は、それぞれが象徴するものを理解するための鍵となるでしょう。

この本のイラストでは、二人の女性が手をつなぐ姿を描いています。伝統的な男性（太陽）と女性（月）としての表現とは異なる描写です。

蝕
（しょく）

蝕とは何であり、西洋占星術では
どのような意味がありますか？

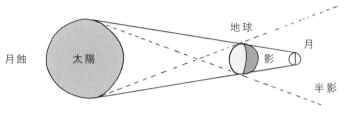

月蝕　太陽　地球　影　月　半影

月蝕は満月のときのみ起こります。

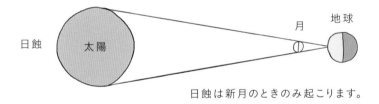

日蝕　太陽　月　地球

日蝕は新月のときのみ起こります。

月蝕：感情や気分の変化を感じるときです。内省や瞑想が大切になるでしょう。月蝕のときは、満月の光で石をチャージしないようにします。

日蝕：エネルギーの低下を感じます。喧騒から離れて静かに過ごしたくなるでしょう。ストレスや落胆、疲労も感じやすくなるかもしれません。

予測占星術：回帰（リターン）：西洋占星術では出生図に基づいて天体の回帰（リターン）の時期を割り出し、詳細な予測を立てることもできます。計算方法は複雑です。

ソーラーリターン

誕生時の太陽の位置に、太陽が回帰する時期を正確に算出します。回帰は一年に一度めぐってきます。

ルナリターン

誕生時の月の位置に、月が回帰する時期を算出します。毎月めぐってきます。

太陽

西洋占星術において、太陽は私たちが意識しなくても自然に実現される、基本的なエネルギーを表すとされています。自分のものとして統合することが難しくないのは、すでにそれが自分の中にあるからです。太陽のサインとは、あなたが生まれた日に太陽が位置していたサインのことです。よく「私の星座」と言うのは、この太陽サインです。男性にとっては、太陽と火星が自らの男性的なアイデンティティの一部を表します。女性にとって太陽は他の人々に感じる魅力的な性質を示すと共に、もちろん自分自身の基本的なアイデンティティも表します。

出生図で太陽とアスペクトを作る天体は私たちの成長に影響を与えます（アスペクトについては P.154「出生図」をご覧下さい）。太陽が位置するハウスを見れば、あなたにとって人生のどの領域が顕著になるかがうかがえます（ハウスについては P.141「ハウス」をご覧下さい）。

逆行：なし
サイン移動（次のサインへの移動）：29 〜 30 日
黄道を一周し終える期間：365 日
支配星：獅子座
デトリメント（障害）：水瓶座
イグザルテーション（高揚）：牡羊座
フォール（転落）：天秤座

12 サインと太陽

太陽は牡羊座でイグザルテーション（高揚）となります。太陽の影響を存分に受けて実現するため、炎のように激しく、リスクを好む強い性格になるでしょう。自分の輝きを放って目立つことを重視するため、疎かにされるとややムキになるかもしれません。注目を浴びることを好みます。

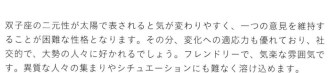

牡牛座の太陽は穏やかです。後悔はあまりせず、人生の喜びを感じようとします。美食家でおっとりしていますが、偏屈で頑固な面もあるため、想定外の出来事に対する反応に時間がかかります。なかなか決断できずに停滞するか、ただ状況に任せる場合がありそうです。

双子座の二元性が太陽で表されると気が変わりやすく、一つの意見を維持することが困難な性格となります。その分、変化への適応力も優れており、社交的で、大勢の人々に好かれるでしょう。フレンドリーで、気楽な雰囲気です。異質な人々の集まりやシチュエーションにも難なく溶け込めます。

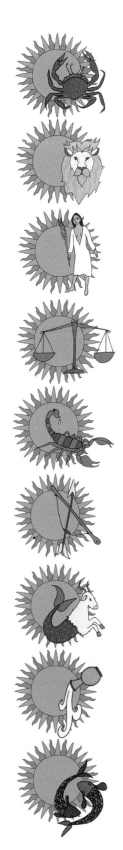

蟹座の太陽は神経質で感情的かつ古風な性質と共に、激しい性格であることを意味し、矛盾をはらんでいます。誤解されていると感じて殻に閉じこもり、自分を守ろうとすることが多いかもしれません。そのような場合は幼少期の体験が原因でしょう。

獅子座は太陽にとって最適の居場所です。獅子座の人々には天性のカリスマ性があり、人気者で友人も多いでしょう。賞賛を浴びることが好きですが、人にも褒め言葉を与えます。快適に過ごすことを大切にし、実際にそうできるのも人付き合いの才能に恵まれているところが大きいです。傲慢でわがままになるときもあります。

太陽が乙女座にあると、卓越した観察眼と分析力に恵まれます。乙女座は物事をゆっくりと進めていくため、ちょっとしたディテールも見逃しません。自分が受けた印象や感情だけでなく、持ち物もきちんとまとめて整理します。たとえ乱雑に見えたとしても、実はすべてが理に叶っています。

太陽は天秤座でフォール（転落）となり、なかなか決断できずに人の顔色をうかがうような性質が表れるでしょう。何かをするときには、お手本やテンプレートを求めます。幼少期に身近にいた人々の性格に同化することも珍しくなく、母親の気質（女性の場合）や兄の気質に似ることもあります。常に調和を求め、対立を避けようとします。

太陽が蠍座にある人は深い感情をたたえ、神秘的に見えます。生き方や物事の捉え方はオーソドックスではありません。周囲の人々から変わった人に見られるか、内面の複雑さや深さを理解してもらえないかもしれません（月のサインによって変わります）。全般的に秘密やタブー、性、オカルトに関連します。

射手座の太陽は新しい体験や信念や人との出会いを求めます。太陽が射手座にある人は若い間は不注意で無責任な傾向がありますが、旅行が好きで、故郷から飛び出して世界を見ようとします。この性質は月と火星、そして特に水星のサインによってニュアンスが分かれます（また、出生図の他の部分にも影響を受けます）。

山羊座の太陽と他の天体とのアスペクトがよければ自信に満ちて意志が強く、やる気にあふれる性格になります。自己をわきまえ、さまざまな状況にそつなく対応できるでしょう。アスペクトが悪ければ、山羊座の孤独で物質主義的な側面が表れ、疑い深くて冷たい性格になります。苦労が絶えない人生になるかどうかは、出生図の他の部分の状態によってさまざまです。

太陽は水瓶座でデトリメント（障害）となり、自己への意識よりも集合に重きを置く性質が表れます。理性的であり、理想や独自性、創造力がありますが、周囲にとっては非常に理解しにくい人です。太陽がデトリメントであるのに加えて、自分の感情を表現するのが苦手だからです。

魚座の太陽は感受性や適応力、共感力やインスピレーションといった水の要素にまつわるものを高めますが、分散する性質があり、まとまりのなさや曖昧さも表れます。創造力やイマジネーションに恵まれますが、地のサインに何らかのポジションがなければ集中して整理する力が得にくく、アイデアを形にするのが難しいでしょう。

月

月は感情や内面の世界を表し、私たちが
どのように親密さを感じるかを示します。
女性とも関連し、主に母親との関係を示
唆します。女性にとって、月は金星と共
に女性としてのアイデンティティの一部
をなします。

また、月は直感や本能的なリアクション、
感情や親密さや気分の安定をどのように
表現するかも示します。

月がどのハウスにあるかを見れば、私た
ちが何に心地よさを感じ、何が『安全な
場所』を作るかが読み取れます。

月とアスペクトをとる天体は感情表現に
影響を与えるでしょう。感情レベルで何
を大きく捉えるかも表れます。

逆行：なし
サイン移動：2～3日
黄道を一周し終える期間：29日
支配星：蟹座
デトリメント（障害）：山羊座
イグザルテーション（高揚）：牡牛座
フォール（転落）：蠍座

月とあわせて以下の項目もご覧下さい。
● P.112 ノード軸（ノースノードとサウスノード）
● P.113 リリス（ブラックムーン）
● P.114～116 月相と13の満月
● 月ごとの満月

● 12サインと月 🌙

牡羊座の月は燃えるように激しい気性やリスクを示します。感情の起伏が激
しく、アドレナリンが高めの性質です。はっきりと自己主張をし、恋愛でも
主導権を握るでしょう。妥協することは勝負の結果がつかないことだと解釈
するため、あまり好きではありません。また、注目を集めたり、賞賛を浴び
たりすることを求めます。

牡牛座に月があれば所有することに快感を覚え、心が満たされる傾向があり
ます。内面に落ち着きがないタイプの人でも、ものを所有することで癒やさ
れる場合がよくあります。その反面、プライバシーの尊重を強く求め、プレッ
シャーを与えられるのを嫌います。理想のパートナーは愛情深く尽くしてく
れるタイプでしょう。本人はたいてい感情的に安定しており、誠実です。

双子座に月があると、感情を理性で捉えようとする傾向が表れます。好奇心が
あり、新しいものをすんなりと受け入れます。今までとは異なる体験をしよう
とするため、束縛されていると感じる関係や、決まった相手との交際を深める
ことはあまり好きではありません。そのために軽薄な印象を周囲に与えるかも
しれませんが、いきいきした、変化のある体験に興味があるだけなのです。

蟹座に月がある人は愛情深く、母性的で、こまやかな感情を持つことが特徴です。また、人の気持ちに共感する力も非常に高いため、他の人々の感情に影響を受けやすく、内面のバランスが変化しやすいでしょう。家族を大切にするため、特に意識しなくても世話役となり、守ってあげることを美徳とします。

月にとって、太陽が支配星である獅子座はあまり居心地のよい場所ではありません。この位置に月があると内面の世界を外に向けて表そうとする欲求が生まれ、堂々と思いを伝える誠実な人として周囲に好かれます。それが裏目に出ると、自分の気持ちを人に認められようとするあまり、芝居がかったような過剰な表現をしてしまうことがあります。

乙女座にある月からは信頼や信用のパワーがもたらされます。思いつきやその場限りの気分に左右される人間関係を見ると、ひどい気分になるでしょう。やや心配症なところがあり、感じたことを隅々まで分析しないと気が済みません。考え方や態度がきちんと整理されている人や、安全を感じさせてくれる人たちと一緒にいると落ち着きます。

月が天秤座にある人の主な特徴はバランスを求めることです。感情を激しく表現する人には耐えられませんし、人々の嫉妬や強要や執着が表れるシチュエーションも好きではありません。満足するためには調和を必要とします。自分自身の感情ははっきりせず、一人で過ごすことが苦手です（これに拮抗する位置に太陽か金星か火星があれば、その傾向は和らぐでしょう）。

月は蠍座でフォール（転落）となります。蠍座にある月は非常に激しい感情をもたらすため、扱いが最も複雑になるでしょう。勘が鋭く、特に他人の最もネガティブな側面を感じ取ります。そして、それを理解すると、通常とは異なる洞察と深みを得ます。物事を根底まで掘り下げようとする人です。

月が射手座にあると知識欲が高まります。気持ちの面でも物理的な面でも、また、スピリチュアルな面でもいろいろな可能性を模索しようとします。こうした模索や冒険ができない状況に陥ったり、他の天体が抑圧的なアスペクトをとったりすると、不満を感じるでしょう。それでも朗らかで楽天的で、おおらかな性質であることは変わりません。

月は山羊座でデトリメント（障害）となります。社会的にも経済的にも、そして感情的にもかなりの安定を求め、それが実現してもなかなか満足できません。自分の幸福や満足を物質で測る傾向があり、やや利己主義で強欲になります。責任感が強い反面、共感力には乏しいでしょう（出生図で水のサインによってバランスがとれていれば問題はありません）。

月が水瓶座にある人は自由と独立を求めます。いっぷう変わったことを要求してパートナーを混乱させるかもしれません。感情的な面は極めて淡泊で、他の人々と深い絆を結ぼうとも思わないでしょう。自分の感情を外に投影する傾向があり、利他的にふるまうか、感情そのものに興味を抱きません。

魚座は月が最も繊細になるポジションです。心が傷つきやすく、考えが堂々巡りをし、現実とは異なることを想像して自分で自分の気持ちを傷つけることもあります。この傾向は特に、相手との関係が浅い頃によく起きるでしょう。熱しやすく冷めやすい面もあります。

ノード軸

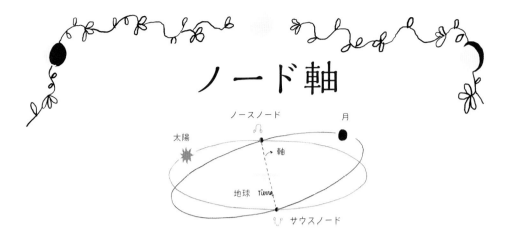

ノード軸は「カルマの交点」としても知られ、潜在能力を最大限に開花させるために努力が求められる領域を表します。ノード軸は月の軌道と太陽の軌道が交わる点を算出して結んだものです。ノースノードは成長を目指すべき分野を、サウスノードは手放すことを学ぶべき分野を表します。

ノード軸が表す特徴

ノースノードが牡羊座：サウスノードが天秤座
コンフォートゾーンを抜け出して大胆に挑戦することが課題です。手放すべきものは自己満足の態度です。

ノースノードが牡牛座：サウスノードが蠍座
精神面と物質面のバランスが課題です。手放すべきものは自分が思うようにコントロールしたいという欲求です。

ノースノードが双子座：サウスノードが射手座
コミュニケーションと忍耐、雄弁、好奇心を持つことが課題です。手放すべきものは自己中心的な考え方です。

ノースノードが蟹座：サウスノードが山羊座
感情を豊かにし、愛と思いやりを求めることが課題です。手放すべきものは傲慢さと孤独です。

ノースノードが獅子座：サウスノードが水瓶座
自信と自尊心を培い、人に好かれることが課題です。手放すべきものは感情を理屈で処理しようとする癖です。

ノースノードが乙女座：サウスノードが魚座
秩序と継続性、分析力を身につけることが課題です。手放すべきものは物事を曖昧にしたり、手を抜いたりするところです。

ノースノードが天秤座：サウスノードが牡羊座
共感やていねいな態度を身につけ、有意義な人間関係を培うことが課題です。手放すべきものは個人主義的な態度です。

ノースノードが蠍座：サウスノードが牡牛座
新しい展開や不確定要素を柔軟に受け入れることが課題です。手放すべきものは感情を隠す癖です。

ノースノードが射手座：サウスノードが双子座
視野を広げて体験し、叡智を求めることが課題です。手放すべきものは優柔不断なところと猜疑心です。

ノースノードが山羊座：サウスノードが蟹座
節約しながら野心を持ち、強くなることが課題です。手放すべきものは重苦しい感情です。

ノースノードが水瓶座：サウスノードが獅子座
創造力を伸ばし、他とは異なるものの価値を見出すことが課題です。手放すべきものはナルシシズムです。

ノースノードが魚座：サウスノードが乙女座
思いやりをもって周囲をサポートし、自分の弱さを認めることが課題です。手放すべきものは何もかもを分析しようとする癖です。

月　リリス：計算上の交点

近地点　地球　遠地点

リリスはユダヤ教やキリスト教の旧約聖書に登場する神話的なキャラクターです。彼女はアダムの最初の妻で、神はリリスがアダムと対等になるよう、目立心と強さを与えて創りました。するとリリスはアダムに反抗したため、神は彼女を追放し、従順なイヴをアダムの肋骨から創りました（しかし、イヴはヘビにそそのかされ、アダムと共に禁断の果実を食べてエデンの園を追放されてしまいます）。

西洋占星術でリリスはブラックムーン・リリスとも呼ばれ、月の軌道と近地点、遠地点（月の軌道の中で地球に最も近い点と、最も遠い点）を算出して導き出すポイントを指します。出生図では、月の遠地点のサインを見ます。女性の場合は自らの女性的な力をどのように認識するか、男性の場合は女性的な力をどのように認識するかを表します。また、欲望の暗い側面についても読み取れます。

リリスが牡羊座
気分屋でプライドが高く、性的なエネルギーがアグレッシブになることもあります。

リリスが牡牛座
情熱的で所有欲があり、決めたことを継続します。官能性と金銭を結びつけて捉えます。

リリスが双子座
矛盾を抱える傾向があります。知的なゲームに欲望がそそられます。曖昧さがあります。

リリスが蟹座
情熱に心を奪われます。肉体と感情、空想を分けずに一体化させます。

リリスが獅子座
確信を抱くと熱く燃え上がり、欲しいものを得るために戦います。

リリスが乙女座
選り好みが激しく批判的です。その性質が翻ると献身的になります。

リリスが天秤座
性的な衝動と、バランスを求める性質とが矛盾する配置です。

リリスが蠍座
リリスの本拠地とみなされます。欲望は非常に激しく、心がかき立てられます。

リリスが射手座
おおらかで自由な気風を感じさせます。あっさりとしていて、陽気です。

リリスが山羊座
義務感に縛られます。欲望を持つことは害だとみなし、拒絶します。

リリスが水瓶座
奇妙なものや独特なものに惹かれます。結びつくことから自由になろうとする欲求があります。

リリスが魚座
愛と欲望が入り混じり、愛する人と完全に一体化しようとします。

月相

月が植物の成長や潮の満ち引きと関わりがあるように、私たちが生まれたときの月の様相も私たちに影響を及ぼします。出生時の月相がもたらすエネルギーで月のサインの説明ができ、それを知っておくことで自分のエネルギーのサイクルに従えます（休むべきときに休み、エネルギーが高まる時期を待って活動することができます）。また、月の満ち欠けのサイクルは、女性の平均的な月経周期と同じ（29日間）であり、多くの女性が月相に合わせて生命のサイクルを繰り返しています。古代の人々は月相を見て作物の成長や刈り入れのときを知りました。また、髪の毛が伸びる速さとの関係も昔から指摘されています。

満月：多くのエネルギーがあります。満月の日に生まれた人は非常に神経質です。欠けていく月や新月のときに生まれた人々は、満月の日に頭痛や不調を感じることがあります。

欠けていく月：他者に尽くし、思慮深く、共感力が豊かです。

新月：新月のときに生まれると、スピリチュアルな面や超自然的なものや感情に対する直感が鋭くなります。会話を通して人の心を癒す力も持ちます。

満ちていく月：開放的で自由なマインドの持ち主です。集団の中にうまく溶け込み、社会に参加することを好みます。

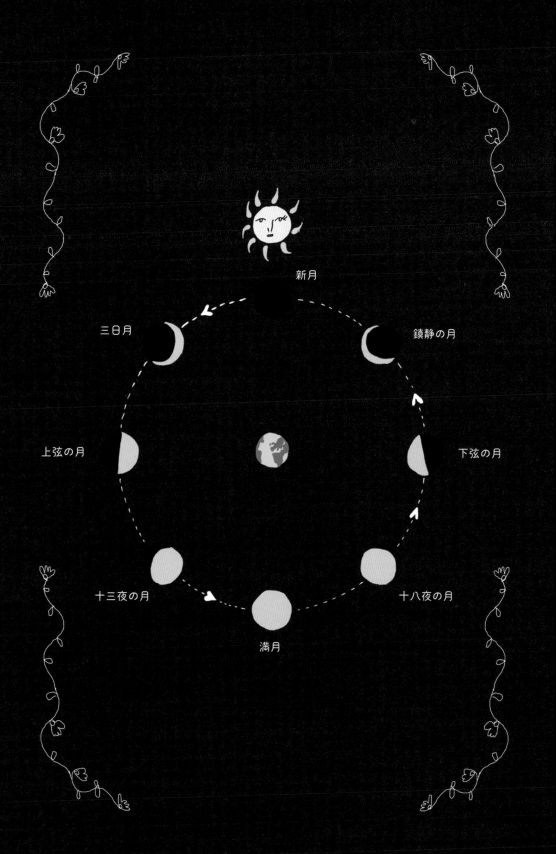

新月

三日月

鎮静の月

上弦の月

下弦の月

十三夜の月

十八夜の月

満月

13の満月

1年には13回の満月があります。それぞれ、他のときより
もエネルギーが高まります。これらの満月の日に生まれ
た人は特別な目的を持ち、自分の中にもパワフルなエネ
ルギーを宿します。アメリカの先住民族は農作物や動物
の様子の移り変わりを観察し、その特徴にちなんだ名前を
13の満月に付けました。それぞれの満月の日には、それ
に対応する植物を使った儀式もなされます。収穫や狩猟
にふさわしい時期を知る目安としても利用されていまし
た。

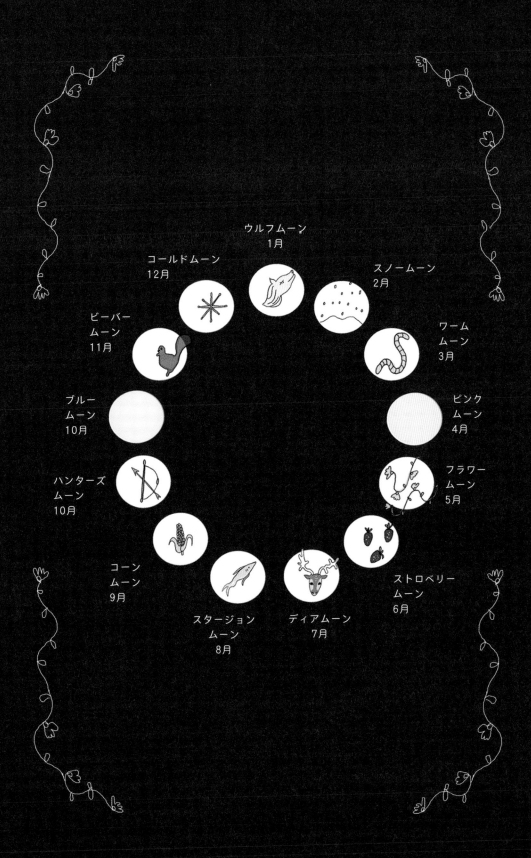

ウルフムーン
1月

コールドムーン
12月

スノームーン
2月

ビーバー
ムーン
11月

ワーム
ムーン
3月

ブルー
ムーン
10月

ピンク
ムーン
4月

ハンターズ
ムーン
10月

フラワー
ムーン
5月

コーン
ムーン
9月

ストロベリー
ムーン
6月

スタージョン
ムーン
8月

ディアムーン
7月

水星

水星と同一視されるローマ神話の神メルクリウスはコミュニケーションを司ります。神々のメッセンジャーであり、ギリシャの神殿パンテオンでのヘルメスに相当します。

水星は私たちの精神を支配します。どのように意思疎通をし、何に興味を抱くか。学びをまとめる過程や、どんな題材や方法に最も心を惹かれるか、誰と相性が合い、誰に対して努力が必要かなどに関連します。

水星逆行の期間に生まれた人は、人に直接会って話すよりも、文章を書いて伝えるほうが楽でしょう。変わった方法で自己表現をすることもあるかもしれません。

逆行：1年に3回
サイン移動：1か月～1か月半ごと
黄道を一周し終える期間：12～14か月
支配星：双子座と乙女座
デトリメント（障害）：射手座と魚座
イグザルテーション（高揚）：乙女座
フォール（転落）：魚座

  12 サインと水星

水星が牡羊座
頭脳の回転が速く、ディベートが得意で口論の相手としても手強い存在です。議論ではややアグレッシブになり、思慮に欠ける言葉を放って繊細な人の心を傷つけることもあります。意見を述べるときは率直でストレートに表現し、待ったり考えたりしない傾向があります。

水星が牡牛座
水星が牡牛座にある人の思考はゆっくりですが着実です。物事を確かめてから決定し、学びや仕事をこつこつと続けていきます。思慮深い一方、考えや意見をなかなか変えません。頑固さがあります。

水星が双子座
水星が双子座にある人は好奇心が旺盛で、頭の切り替えが早いです。一つの話題を深く掘り下げるよりも、広く浅く知識を集めることを好むでしょう。そのために、一つの仕事を突き詰めるような進路を選ぶのは難しいと言えます。

水星が蟹座

水星が蟹座にある人は理性と感情、現実と架空、客観と主観を混同しがちな傾向にあります。ビジュアルアートや音楽、詩などの才能があります。

水星が獅子座

水星が獅子座にある人は表現が豊かです。コミュニケーションの仕方も堂々としており、ドラマチックに誇張する傾向もあります。聴衆を惹きつける力もあるため、講演者や俳優に向いています。

水星が乙女座

水星が乙女座にある人は分析力があり、細部にまで神経が行き届き、持続力があります。緻密で、批判的な精神の持ち主です。細部にこだわり大局を見失うこともあり、そのようにして大きな問題を避ける傾向もあります。

水星が天秤座

水星が天秤座にあるとエレガントな自己表現ができ、言葉の選び方も繊細で正確です。公平であろうとし、あらゆる視点から物事を見ようとするため、自分の考えや意見がなかなか決まりません。

水星が蠍座

水星が蠍座にある人は興味がある話題を深く掘り下げます。専門家でもないのにそれらしくふるまう人や、しゃべってばかりで考えない人に対して、いら立ちを感じます。クリエイティブで深い精神の持ち主です。

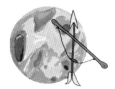

水星が射手座

水星が射手座にある人は幅広い対応力があり聡明ですが、物事を深く追及するよりは全般的な視点に立つ傾向にあります。明るくオープンに自己表現しますが、やや軽率に見られるかもしれません。

水星が山羊座

実用主義的で、味気ない表現をしがちです。感情的な言い争いや、理屈で理解できないことには興味を示しません。科学的な分野で働くほうが心地よく、厳密で、自分の考えをしっかりと持っています。

水星が水瓶座

水星が水瓶座にある人を表すキーワードはクリエイティブ、理想主義、型破り、です。革命的でもあります。実験が大好きなため、常識から外れた面白い解決法を見出します。

水星が魚座

水星が魚座にある人は想像や夢を交えて自己を表現し、芸術的な雰囲気も漂わせます。クリエイティブな表現のほうが心地よいでしょう。理性よりも直感に身を任せます。

✳ 金星

金星と同一視されるヴィーナスは
ローマ神話の美と愛とセクシュアリ
ティの女神であり、ギリシャ神話の
アフロディテと同一です。金星は私
たちの好み（美的感覚や恋愛）と愛
し方、愛着を示します。金星がどの
ハウスにあるかを見れば、私たちが
最も心地よく感じる人生の領域がわ
かります。
また、金星のアスペクトからは、ど
んな人たちとの交流を好むかが読み
取れます。金星の逆行期間に生まれ
た人は、人間関係を分析しすぎるき
らいがあるかもしれません。

逆行：3年間のうちで2回
サイン移動：3週間〜1か月
黄道を一周し終える期間：10〜12か月
支配星：牡牛座と天秤座
デトリメント（障害）：蠍座と牡羊座
イグザルテーション（高揚）：魚座
フォール（転落）：乙女座

 # 12サインと金星

金星が牡羊座

金星が牡羊座にある人は、相手に言い寄って関心を得るまでの期間を楽
しみますが、自分の興味を持続させるのは苦手です。情熱的で衝動的で
すが、感情面ではどこか無神経に感じさせるところがあるかもしれませ
ん。

金星が牡牛座

金星が牡牛座にある人は安定した交際を求めるところが特徴です。穏や
かで優しい反面、理性的な視点でパートナーを探します。面倒なことを
言い過ぎず、いつも自分に注目して甘えさせてくれる相手が好みです。

金星が双子座

金星が双子座にある人は気まぐれなことで知られます。知性やメンタル
面で面白いと感じた相手に強く惹かれます。別れ話や大きな決断をする
のは得意ではありません。

金星が蟹座

金星が蟹座にある人は繊細さが特徴です。互いに惹かれ合うというより、守ってあげたり育ててあげたりするような感覚で恋愛関係を結びます。

金星が獅子座

金星が獅子座にある人は愛情深く献身的ですが（少なめに見積もっても）、相手にも自分と対等にふるまうことを求めます。それがなければ、すぐに熱は冷めるでしょう。自信に満ち、恋愛にも積極的です。

金星が乙女座

金星が乙女座にある人は理性が強いため、恋愛感情に浸ったり衝動に突き動かされたりすることはあまりありません。安定を求め、要求も多いため、一人でいる傾向が強いです。

金星が天秤座

金星が天秤座にある人は関係において何よりも調和を大切にするでしょう。その傾向が強いあまりに対立を恐れて自分の気持ちをオープンに伝えられない一面もあります。

金星が蠍座

金星が蠍座にある人は激しい愛と憎しみを体験します。些細なことで傷ついたり落胆したりしますが、好きな人に対して自制できません。ジェラシーや力関係の争いもあるかもしれません。

金星が射手座

金星が射手座にある人は独立心旺盛で、何物にも縛られようとしません。外国人に魅力を感じたり、自分と同じように哲学的な考え方をして自立している人が好みです。

金星が山羊座

金星が山羊座にある人は感情を表に出しませんが、理由もなく人と過ごすことはしません（自分の世界を大事にします）。その反面、関係においては強い愛情や関心、思いやりを求めます。

金星が水瓶座

金星が水瓶座にある人は束縛を嫌います。風変わりでクールで突飛な人々に惹かれ、そうした人々と親しくなれるでしょう。（月の影響がなければ）ジェラシーとは無縁です。

金星が魚座

金星が魚座にある人は優しく献身的で、陶酔しやすい傾向があります。パートナーを理想化しやすく、そのせいで落胆もするでしょう。自分の中でも、また他人との間にも、限界を設けるのが苦手です。線引きをする力を身につけることが必要です。

火星

火星と同一視されるマルスはローマ神話の戦争の神で、ギリシャ神話ではアレスと呼ばれます。マルスは暴力と性的な衝動を司ります。火星は私たちが対立や衝突とどのように向き合うかだけでなく、性的な発達についての特徴も示します。火星が逆行している期間に生まれた人は、人との交流が非常に活発な時期と、人付き合いに疲れがちな時期とが交互に訪れるかもしれません。

逆行：3年間のうちに2回
サイン移動：約2か月ごと
黄道を一周し終える期間：約2年
支配星：牡羊座と蠍座
デトリメント（障害）：天秤座と牡牛座
イグザルテーション（高揚）：山羊座
フォール（転落）：蟹座

12サインと火星

火星が牡羊座
火星が牡羊座にある人は暴力的というわけではありません。衝動的であり、活発で、エネルギーにあふれています。気おくれせずに告白をしますが、お付き合いへの関心は長く続きません。性的な面では燃えるような情熱があります。

火星が牡牛座
出生図で火星が牡牛座にあり、それと拮抗する天体が他になければ温和な性格でしょう。衝突を避け、物事を慎重に考えて決断します。また、何かを始めたら着実に進んでいきます。性的な面ではかなり保守的です。

火星が双子座
火星が双子座にある人の主な特徴は好奇心です。性的な場面でも遊び心を発揮して、何かを試してみようとします。パートナーとのコミュニケーションも重視し、知性を刺激するものを求めます。

火星が蟹座

火星が蟹座にある人は問題に直面するときも、口論をするときも、お付き合いを始めるときも、感情と理性と肉体を分けて考えることが難しいと感じるでしょう。どの場面でも心に従って決断をします。

火星が獅子座

火星が獅子座にある人は魅力的で大胆で、陽気で衝動的です。周囲から褒められ、認められることが好きですが、プライドも人一倍高いでしょう。性的な側面では情熱も愛情もあります。

火星が乙女座

火星が乙女座にある人は決断をするときに、やや考え過ぎる傾向にあります。恋愛においてもどこかシャイで、肉体的にも奥手です。不安が払拭され自信が生まれてくると、緊張がほぐれて楽しめるようになります。

火星が天秤座

火星が天秤座にある人は自分にバランスを感じさせてくれる人々を求め、洗練されていて控えめな人々が好みです。対立や衝突を敬遠するため、自分の真の意図や欲求に正直になりきれないときもあるかもしれません。

火星が蠍座

火星が蠍座にある人は性的な魅力があり、情熱的で神秘的です。カリスマ性があり、場の雰囲気を熱くするでしょう。自信をもって自分のパートナーを選びます。意志が強く、感情が豊かです。

火星が射手座

火星が射手座にある人はお付き合いに刺激を求めます。好奇心旺盛で、できるだけ自由に生きることを望みます。率直で、やや衝動的な傾向もあるでしょう。全般的に、将来の約束を求めてはいません。

火星が山羊座

火星が山羊座にある人は自信があり、独立独歩のしっかり者ですが、真剣なお付き合いが始まるとかまってほしい欲求が生まれます。自意識過剰で、拒絶されることを恐れる面もあります。古風で意志が強いタイプです。

火星が水瓶座

火星が水瓶座にある人は独創的でカリスマ的な魅力があります。変わったものや他とは違うものに惹かれ、お付き合いでも風変りな態度を見せるときがあり、予測がつきません。楽しむことが好きな反面、べったりと付き合うことはありません。

火星が魚座

火星が蟹座にある人と同じく、火星が魚座にある人も感情と理性の区別がつきにくい傾向があります。夢を描くのが好きで、謎めいた雰囲気の人や深みを感じさせる人に惹かれます。感情と性的なエネルギーの流れが一致しやすいでしょう。

木星

木星と同一視される神ゼウスは、ロー
マ神話ではユピテルと呼ばれます。
木星は社交性を表します。つまり、
どのように他者と関わり、視野を広
げるかを示すのです。一般的に、同
じ年に生まれた人々はみな木星が同
じサインにある場合がほとんどです。
出生図の中で木星がどのハウスにあ
るかによって、あなたが拡大しよう
とする分野がわかり、他の天体との
アスペクトによって人生に対する意
味の解釈がてきます。

逆行：その年による（逆行期間は
　　　約4か月近く）
サイン移動：およそ1年ごと
黄道を一周し終える期間：12年
支配星：射手座と魚座
デトリメント（障害）：双子座と乙女座
イグザルテーション（高揚）：蟹座
フォール（転落）：山羊座

 # 12サインと木星

木星が牡羊座
木星が牡羊座にある人は自信と勇気があり、大胆で、世に出る意欲にあ
ふれています。世界に飛び出して発見をし、自分を知ろうとする熱意が
あります。

木星が牡牛座
木星が牡牛座にある人は物質的な面だけでなく、精神性や知性の面でも
安定を求めるでしょう。価値観はやや古風です。五感で楽しむことを重
要視します。

木星が双子座
木星が双子座にある人にとって大切なことは知識の獲得と共有です。コ
ミュニケーションと好奇心が中心的な問題になるでしょう。

木星が蟹座

木星が蟹座にある人は古きよきものを見直します。こまやかな思いやりのある態度で世界に関わろうとするのが特徴です。

木星が獅子座

木星が獅子座にある人は個人として認められることを重視します。はっきりした考えを強く打ち出す反面、他者の意見を頼りにする傾向もあります。

木星が乙女座

木星が乙女座にある人は細部に目が行き届き、分析的な思考をして他者を助けようとします。役に立つ人間になろうとし、みんなのために貢献することを重視します。

木星が天秤座

木星が天秤座にある人は調和と公平さを求めて改革を起こしたり配慮したりします。気配りが優柔不断につながり、物事が実質的には進展しない場合もあります。

木星が蠍座

木星が蠍座にある人は深い変化と変容によって関係を結ぼうとします。超自然的なものやタブーとされているものにも関心を持ちます。重要で深遠な変容を体験するでしょう。

木星が射手座

木星が射手座にある人は広く意見を交換し、文化的にも物理的にも、また学問の分野でも旅をして、自らの社会的なアイデンティティを形成します。

木星が山羊座

木星が山羊座にある人は社会的地位や、ステイタスと成功を重視します。自分のアイデンティティがしっかりと確立されるまで努力を重ね、リサーチを続けます。

木星が水瓶座

木星が水瓶座にある人は革命児のような性質で、その世代の重要なポイントを作ります。他者との違いをはっきりさせようとしますが、大多数の利益になるような役割であることが大切です。忍耐力が鍵となります。

木星が魚座

木星が魚座にある人は社会に対する敏感さと共感力を持ち、社会的で人道的なプロセスに加わります。また、個人的で理想主義的な世界観を持ちます。

土星

土星と同一視されるサトゥルヌスは最古の神々の一人であり、ときの経過を表します。彼はゼウスや他の神々の父でもあります。土星は木星と同じく社会天体であり、責任と忍耐、成熟を表します。軌道を一周するのに30年近くを要するため、私たちが生まれたときと同じ位置に戻ってくるときは「サターンリターン（土星回帰）」として知られています。この時期は立ち止まって内省し、次の数年間の目標を設定するのにふさわしく、また、自分の立ち位置や現状を振り返るときでもあります。

逆行：1年に3回
サイン移動：約2年半
黄道を一周し終える期間：29と1/2年
支配星：山羊座と水瓶座
デトリメント（障害）：蟹座と獅子座
イグザルテーション（高揚）：天秤座
フォール（転落）：牡羊座

 12サインと土星

土星が牡羊座
土星が牡羊座にある人は大器晩成型の傾向があります。他人の指示に従うのが苦手な側面があり、忍耐力と責任感を養う必要があります。

土星が牡牛座
土星が牡牛座にある人とは違い、若い頃から保守的で落ち着いており、やや物質主義的で倹約家です。物をため込んだり、物欲が深かったりする傾向もあります。

土星が双子座
土星が双子座にある人は自分の考えを表現する権利を大切にするでしょう。自己表現を抑えたり、表現に対する規制を感じたりすると不安になります。

土星が蟹座

土星が蟹座にある人は内向的で感情的な傾向があります。恥ずかしがり屋で自分の気持ちを表に出せないことに悩むかもしれません。

土星が獅子座

土星が獅子座にある人は人付き合いが得意です。自分が業界や社会にふさわしいと感じることが大切で、インパクトが与えられないと自尊心が傷つきます。

土星が乙女座

土星が乙女座にある人は自分の周りにあるものすべてをコントロールしようとします。納得するまで突き詰めるため、完璧主義に陥ることもあります。大局を見ず、ディテールにこだわります。

土星が天秤座

土星が天秤座にある人は個人よりも全体を大切にします。慎重に、思慮深くふるまいますが、はっきりと決断しないため、目的が達成できず不満を持つこともあるでしょう。物事が適切かどうかを考えます。

土星が蠍座

蠍座に土星がある人の全般的な問題は、物質と感情の両面での愛着や執着です。不安になりやすく、強欲になる傾向があります。

土星が射手座

土星が射手座にある人は快適な空間を抜け出そうとします。この感覚が満たされなければ、同じことの繰り返しや義務に囚われていると感じるでしょう。

土星が山羊座

土星が山羊座にある人は野心があります。成功を収めたい気持ちが度を越して、非情になる場合があります、

土星が水瓶座

土星が水瓶座にある人は自分の感じ方が人とは異なり、アウトサイダーのように感じてしまうことがあります。自分だけが除外されて孤立したらどうしよう、という不安も抱えます。

土星が魚座

土星が魚座にある人の最大のリスクは、自分よりも他者を優先することです。不安や恐怖も強く感じるかもしれません。愛されている感じがせず、孤独が怖くなるのです。

☆天王星

天王星と同一視されるウラノスは原初の神々であるティターン神族の一人です。彼は天空の神であり、大地の女神ガイアの夫でした。

天王星はトランスパーソナル天体または世代天体と呼ばれます。反逆やイノベーション、科学や文化の発展、オリジナリティ、古い慣習を打ち破ることと関連があります。出生図で天王星がどのハウスに入っているかを見れば、創意工夫をしたり反抗心を持ったりして開拓すべき領域がわかります。天王星とアスペクトを作る天体は、そのような傾向を性格に付け足すでしょう。

支配星：水瓶座
デトリメント（障害）：獅子座
イグザルテーション（高揚）：蠍座
フォール（転落）：牡牛座

天王星の逆行期間では何かが停滞し、全般的な打開策を見直す必要性を感じるかもしれません。逆行は4か月ほど続きますから、ゆっくり振り返ることができます。順行に転じたら、役に立たない過去の態度を変えてしまいましょう。

12サインと天王星

天王星が牡羊座
天王星が牡羊座にある世代はリスクを負うことを厭いません。冒険に乗り出し、変化を歓迎し、熱心な性質を持ちます。深く考えずにあわただしく物事に着手する傾向もあります。

天王星が牡牛座
天王星が牡牛座にある世代は物質的なものを求め、経済的な資源を探求します。経済に安定と平穏を生み出すために必要な改革をしようとします。

天王星が双子座
天王星が双子座にある世代は多くの可能性を拓くために、革新的でありつつ的確な方法を探す意欲にあふれています。一つの話題を掘り下げるのではなく、多くの新しい道を開拓します。

天王星が蟹座

天王星が蟹座にある世代は人の内面や感情のアンバランスを探求し、自己の見直しや心の安定を求めて、既存のあり方とは異なる道を目指します。

天王星が獅子座

天王星が獅子座にある世代は自己のための純粋な探求に傾倒します（ある意味で、やや利己主義な面もあるかもしれません）。自由を求め、本当の自分になろうとします。

天王星が乙女座

天王星が乙女座にある世代は職場の改革や調整に乗り出します。これまでよりも効果的で生産的な労働環境を目指し、新しい知識や方法を模索します。

天王星が天秤座

天王星が天秤座にある世代は大きく分けて二つの問題に取り組みます。一つは精神的な独立とバランスの希求。もう一つは法律や公平性についての改革です。

天王星が蠍座

天王星が蠍座にある世代は精神と感情面での深い変容を模索します。宗教や教義、スピリチュアリティに大きな変革を呼び起こします。

天王星が射手座

天王星が射手座にある世代は境界を打ち破り、新しい哲学や理念への突破口を模索します。閉鎖的な既存の社会を拒んで自由を求め、深い変容を促します。

天王星が山羊座

天王星が山羊座にある世代は権力構造や社会的・経済的状況に疑問を投げかけます。覇権争いと共に、社会と職業における変化が中心になるでしょう。

天王星が水瓶座

水瓶座は天王星にとって本拠地です。理想主義と集団でのアクションが進む反面、個人の努力ははかどりにくいでしょう。急進的でオープンマインドであり、未来を見据えます。

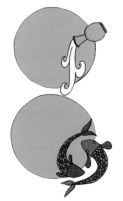

天王星が魚座

天王星が魚座にある世代は創造への衝動と潜在意識の中に変化の種を生み出します。実現するかどうかはともかく、直感からアイデアが浮かぶでしょう。芸術やスピリチュアルなものを好みます。

海王星

海王星と同一視されるネプチューンはローマ神話に登場する海の神で、ギリシャ神話ではポセイドンと呼ばれます。海王星とネプチューンは潜在意識と直感、芸術性、夢幻の領域を司ります。また、共感力と精神世界の統合に加えて、現実逃避もある程度表します（このため、麻薬やアルコールなどの依存とも関連します）。海王星は一つのサインに約15年間滞在するため、その世代全体に影響を及ぼします。あなたの出生図で海王星が位置するハウスは、あなたにとって混乱しやすい領域を表します。また、海王星とアスペクトを作る天体には深い洞察が加わります。

支配星：魚座
デトリメント（障害）：乙女座
イグザルテーション（高揚）：蟹座
フォール（転落）：山羊座

 ## 12 サインと海王星

海王星が牡羊座
牡羊座の創造性とイマジネーションは、衝動性や突然の強烈なひらめきによって動きます。現実の世界と想像の世界が激しく衝突すると、猛烈に抵抗するでしょう。

海王星が牡牛座
海王星が牡牛座にある人々は、日常生活、ルーティン、安全な環境の中からアイデアやひらめきが生まれます。他者のあり方を本能的に察知する力があり、物質面でのニーズをつかむことに長けています。

海王星が双子座
海王星が双子座にある人々は、本能で察知したことを知的な感覚で表現します。クリエイティブな力を開放し、コミュニケーションや協力を活発にしようとします。

海王星が蟹座

海王星が蟹座にある人々は、繊細さが極端に表れますが、それは安定や家庭を求める本能のためです。芸術的な領域で多くを生み出す一方、厳しい現実に直面するのを恐れる傾向もあります。

海王星が獅子座

海王星が獅子座にある人々は、狙いを定めて直感を働かせることが得意でしょう。クリエイティブな衝動をオープンに示して周囲に影響を及ぼそうとします。アイデアの実現にも向いています。

海王星が乙女座

乙女座には感情を台埋的に分類しようとする性質があるため、海王星が示す夢やひらめきや芸術的な世界とは、ある意味で正反対となります。

海王星が天秤座

海王星が天秤座にある人々は、芸術的な表現の極致が左右対称のシンメトリーや美に表れます。理想が公平性やバランス、調和となって実現します。

海王星が蠍座

海王星が蠍座にある人々は、精神世界への深い取り組みがなされます。クリエイティブな活動においても、乱雑で混沌とした激しい表現ながら、存在の根本的な真実をえぐり出そうとする力があるものが生み出されます。

海王星が射手座

海王星が射手座にある場合も精神世界を探求する傾向が表れますが、蠍座よりもリラックスしていて、ヒッピー的な感覚があります。世界の中でひらめきを見つけます。

海王星が山羊座

多くの創造的なスキルに恵まれますが、経済的な繁栄であれ社会的な成功であれ、生産性の向上であれ、対象を獲得しようとする意識が高まります。

海王星が水瓶座

海王星が水瓶座にある人々は、個人主義的な方向で創造力を発揮しようとしますが、意図は社会や集団に影響を与えることです。芸術的でスピリチュアルなイノベーションがテーマです。

海王星が魚座

曖昧さと混乱が増して、アイデアを実現する意図が弱くなります。思い浮かべることに終始し、現実離れする危険性をはらんでいます。

冥王星

冥王星と同一視されるプルートーは
ローマ神話に登場する冥界の神で、
ギリシャ神話ではハデスと呼ばれま
す。冥王星は私たちの内面の奥底に
潜むものの探求を意味します。生と
死、変容、解放、サイクルの終了、
苦悩、性とタブー、禁じられたことや、
私たちが深いレベルで恐れることに
関係します。冥王星がどのハウスに
位置するかを見れば、変化を最も恐
れている領域がわかります。冥王星
とアスペクトを作る天体は、自分が
本来避けているものを人生に統合で
きるかどうか、その試練を示唆して
います。

支配星：蠍座
デトリメント（障害）：牡牛座
イグザルテーション（高揚）：魚座
フォール（転落）：乙女座

12 サインと冥王星

冥王星が牡羊座
冥王星が牡羊座にある人々は、変化への欲求は本能に従い唐突に、激し
い形で表れるでしょう。暴力的な変化が起きても完遂する力はなく、一
過性のものとして途中で立ち消えになる可能性があります。

冥王星が牡牛座
冥王星が牡牛座にある人々は、物質面や経済面、感情面で獲得していた
安定を失うことへの恐れが生まれます。変化に順応することも不得意で
す。

冥王星が双子座
冥王星が双子座にある人々は、自己表現の欲求が駆り立てられ、自分の
あり方を存分に共有しようという気風が生まれます。風通しのよさを求
める一方、内省や孤独が苦手です。

冥王星が蟹座

冥王星が蟹座にある人々は、二極の対立が浮かび上がります。まず、自分がすでに知っているもの（人々、家族、母親）とのつながりがあり、そこで培われた身内感覚が理由となって衝突を起こします。

冥王星が獅子座

冥王星が獅子座にある人々は、個人の魅力や吸引力やカリスマ性が育まれ、闘争心も高まります。自分にとってあだとなるような個人主義や激しい競争心も持ち得ます。

冥王星が乙女座

冥王星が乙女座にある人々は、細部へのこだわりが高じて視野が狭くなり、大局を見失うかもしれません。また、職場で大きな変化が起きる可能性があります。

冥王星が天秤座

冥王星が天秤座にある人々は、完璧性を強く求めます。人々や状況をありのままに受け入れるのではなく、完璧になるように変えようとすると、深刻なアンバランスを招くでしょう。

冥王星が蠍座

冥王星が蠍座にある人々は、変容には痛みが伴うでしょう。しかし、それは深くて必要な変容です。不死鳥のように死から再生します。闇に葬られたことの真相を調べる術にも長けています。

冥王星が射手座

冥王星が射手座にある人々は、新しい考え方や価値観を求め、出会いと学びに意欲を燃やして国境を越えることもあります。この探求は自らの成長に欠かせないものになるでしょう。

冥王星が山羊座

冥王星が山羊座にある人々は、ゴールを目指して現状を改善し、物質主義を尊ぶ傾向があります（大部分はポジティブに働きますが、ネガティブな側面もあります）。

冥王星が水瓶座

冥王星が水瓶座にある人々は、反逆や独自性の発揮によって、古くて硬直した構造を打ち破ろうとする傾向が生まれます。大きな改革や社会的な闘争にも参加するでしょう。

冥王星が魚座

冥王星が魚座にある人々は、魔術や神秘主義に深くつながります。共感力が高く、夢や理想を思い描く傾向もあります。

アセンダントと
ディセンダント

アセンダント
東

西
ディセンダント　　　　　　　　　地平線

アセンダントは地平線と黄道が交わる位置を指します（上の図をご覧下さい）。この位置は刻々と変わり、数分単位でサインを移動するため、生まれた時刻を正確に知ることが必要です。太陽は私たちが生まれたときに得るエネルギーを表し、月は内面の世界の探索を表しますが、アセンダントは人生経験や出会いを通して掘り起こしていくべきエネルギーを示します。また、私たちが他の人々にどう捉えられるかについても、基本的なことを示してくれます。例えば、誰かに「あなたは優しいですね」と言われて「あれ？　私は『気が強いですね』と言われると思っていたのに」と、意外に感じたとしましょう。この場合の可能性として、出生時の太陽か火星が火のサイン（太陽＝基本的なエネルギー、火星＝衝動性やアグレッシブさ）にある一方、アセンダントは水のサインで、優しくてシャイな性質が掘り起こされるのを待っているのかもしれません。また、あなたが「いいな」と感じる相手の太陽のサインは、あなたのアセンダントと同じ場合がよくあります。「いいな」と感じるエネルギーは、実は自分の中に潜在していますが、まだ使いこなせていないために、他人に投影されているのです（これはアセンダントによくあることです）。
では、それぞれのサインにあるアセンダントの傾向を見てみましょう。ディセンダントはアセンダントの正反対にあるサインで、生涯かけて学び、吸収して開花させることが必要なエネルギーを表します。

※訳注：イラストは原書のイラストをそのまま掲載していますが、重要なポイントに限り訳語に差し替えました。このイラストは天空における黄道ではなく、ホロスコープの円を表しています。太陽が地平線の東から昇る点が、出生図の円（12サインが描かれた輪）でアセンダント、太陽が西に沈む点がディセンダントとなることを表現しています。

アセンダントとサイン

牡羊座にアセンダントがある人は社交性と短気さや神経質さがあります。天秤座のディセンダントに見てとれるのは、バランスをとって人間関係に調和をもたらすことを学ぶ必要性です。

牡牛座にアセンダントがある人は実際よりもはるかに静かで穏やかに見えます。愛情深い人です。蠍座のディセンダントは手放すことと赦すことを教えてくれるでしょう。

双子座にアセンダントがある人は落ち着きがなく、どこか散漫なところがあります。楽しい会話ができると満足です。射手座のディセンダントは物事の意味の大切さを示します。

蟹座にアセンダントがある人は愛情深いけれどもよそよそしく、繊細だけれどもカッとしやすい印象を与えます。山羊座のディセンダントが示す理性と現実主義を取り入れるとよいでしょう。

獅子座にアセンダントがある人はハキハキしていてカリスマ的に見えますが、自分ではそう思えません。水瓶座のディセンダントは全体に注目することの大切さを表します。

乙女座にアセンダントがある人は控えめできちんとしており、静かに見えます。魚座のディセンダントは感受性や感情、共感の大切さを教えてくれるでしょう。

天秤座にアセンダントがある人は人間関係や環境に調和を求めます。牡羊座のディセンダントは臆することなく自分の意見を伝え、境界線を引くことの大切さを示します。

蠍座にアセンダントがある人はどこかミステリアスな印象です。牡牛座のディセンダントは未来の約束を求めるのをやめ、物質主義や打算的な人間関係に陥らないようにすることを示唆します。

射手座にアセンダントがある人は冒険好きで楽天的で、少し放埒に見えることもあります。双子座のディセンダントは熱くなり過ぎずに忍耐する力を養うことを示します。

山羊座にアセンダントがある人は実際以上に真面目でお堅い印象を与えます。フォーマルで伝統的なものに惹かれます。蟹座のディセンダントは自分の繊細さを意識し、家庭を重視するとよいことを示唆します。

水瓶座にアセンダントがある人は変わり者に見え、変わった人々に惹かれます。獅子座のディセンダントは自意識を脇に置き、個人と社会のバランスをとることを求めます。

魚座にアセンダントがある人はシャイで優しく、つかみどころがないように見えます。周囲のエネルギーに敏感です。乙女座のディセンダントは秩序と勤勉を表し、潜在能力を培う指針となります。

MC （中天）

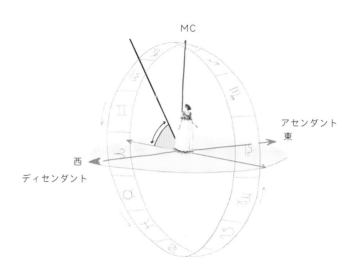

MC（中天、ミッドヘブン）は上の図にあるように、出生図で最も高いところにあるポイントで、第10ハウスと関係しています（出生図でのMCのサインがあなたの第10ハウスのサインになります）。MCは潜在能力と大きな願望を示し、その願望は周囲の状況と意識のレベルに従って発展します。つまり、どの道をゆけば能力を最大限に活かして目標に到達できるかが読み取れるのです。とはいえ、MCを見て「あなたはエンジニア向きですね」などと断言できるわけではありません。自分にとって有望な分野や、そこに集中するためのアプローチについて、おおまかな指針が得られるということです。また、精神面や生き方に照らし合わせて解釈することも可能です（外国に移住して文化的な交流をするのがよいか、地元で家庭を築くのがよいか、など）。MCが示すものは、広く発展させることが求められます。つまり、社会や人々とのつながりの中で活かすということです。その発展にとって、出生図にある天体はMCとのアスペクトによって有利に働く場合もあれば、加速または遅延をもたらす場合もあります。具体的な読み方は、その天体がポジティブな意味合いを持つものか、または制限を意味するものかによって変わります。アスペクトについては、ホロスコープを構成する12のハウスについて学んでから「出生図」（P.154）でご説明します。その後、出生図の解釈の仕方へと進みます。太陽とMCが同じ位置にあれば、人生の目的を見つけるのに苦労はせず、自然に拓けていくでしょう。

※訳注：イラストは原書のイラストをそのまま掲載していますが、重要なポイントに限り訳語に差し替えました。このイラストは、人物が立つ地平に対して90度の線上（天頂）にMCがあるのではなく「ホロスコープの一番高いところがMCである」ことを伝えています。出生図の円（12サインが描かれた輪）において、東から昇った太陽が正午に最も高い位置に達したときのサインがMCのサインであることを表現しています。

MC とサイン

MC が牡羊座にあればリーダーシップや起業家精神があり、リスクを冒すことや冒険が好き。新しい道を切り開くリーダーです。スポーツや身体を動かす活動に注目してみて下さい。

牡牛座の MC は地球や伝統、工芸、遺産の保全と関係があります。また、高齢者や子どもなど、人々に対する感受性があります。

双子座に MC があればどんな人とも交流しアイデアを交わし合います。コミュニケーションや広告、PR、ジャーナリズムに向いています。

MC が蟹座にあれば共感を持って人を助ける仕事が適しています。医薬系や心理学にも向いており、恵まれない人々に対して友人や家族同然に援助しようとするでしょう。

獅子座の MC も起業家精神やリーダーシップを表しますが、仕事やリスクを負うことよりも、政治など、カリスマ性を発揮するような分野に向いています。

乙女座に MC があれば特定の物事に熱中できます。努力を重ね、その分野のエキスパートになれるでしょう。

MC が天秤座にあればバランスや公平さ、調和と平等を見出す目的意識が表れます。特に人間関係にまつわる分野が向いていますが、法曹界（裁判官や弁護士など）にも関連があります。

蠍座の MC はリサーチに没頭する力を表します。技術の習得や調査の分野に適しています。精神医学や歴史、考古学、秘教や宗教にも関心があるかもしれません。

射手座に MC がある人は生まれた土地から離れて見聞を広げます。外国の哲学のリサーチや外国人との結婚など、広く人々と交流するでしょう。

山羊座に MC があればキャリアや組織、資源の管理に関わりがあるでしょう。問題解決や財務関係全般に適性があります。

水瓶座に MC がある人は革新的でユニークで風変りです。生徒の興味をかき立てる教師になれるに違いありません。

魚座の MC は芸術的で心理的なものと関わります。オカルト的な分野に関心があり、常にスピリチュアルなことを求め、自分と他人の感情的な問題について考えます。

カイロンと
その他の天体

ギリシャ神話に登場するケンタウロス族のケイローンは教養があり思慮深く、洗練されており、他の無知で粗野なケンタウロスたちとは一線を画していました。彼にちなんで名づけられた小惑星カイロンは1977年に発見され、ごく最近になって西洋占星術に用いられるようになりました。カイロンに加えて、セレスやパラス、ベスタ、ジュノーなどの小惑星は他の天体やアスペクトの意味や解釈に彩りを沿える性質があります。

カイロン: 不安や痛みを引き起こすものを示します。魂のどの部分に傷を負っており、自分や人を癒すにはどこに注目すべきかを表します。

セレス: 農業の女神ケレースに関連し、西洋占星術では短期のプロセスや日々の移り変わりの中で、私たちがいかに資源をやりくりするかを示します。

パラス: ギリシャ神話のパラス・アテナは戦略と貞操と理性の女神です。西洋占星術では創造力と問題解決の能力を表します。

ベスタ: ベスタは家庭を守る女神です。性的な創造性と、人間関係の中の家庭的な感覚を示します。

ジュノー: ローマ神話で結婚の女神ユノに由来し、コミットメントや嫉妬、誠実さと関連します。

❋ 12サインとカイロン ❋

不安。イニシアチブをとることへの恐れ。身体についてのコンプレックス

お金や資産の欠乏への恐れ。自分の能力を疑う気持ち

自分のアイデアが理解されず、信頼されないことへの恐れ

居場所がなく、愛されず大切にされないことへの恐れ

嘲笑されたり周囲から浮いたりすること、友人がいないことへの恐れ

他人の問題処理に力を注ぎ過ぎて自分を疎かにする傾向

コミットメントや親密さ、傷つくことへの恐れ

見捨てられることや喪失、孤独への恐れ。周囲との違いを感じる

存在についてのジレンマと、人生に意味を見出せないことへの恐れ

社会と経済の両方の面で満足できないこと

周囲に流されやすく、自分で判断できないこと

不安と見捨てられることへの恐れ。感情面での依存

12サインとセレス

独立心、決断力、
自主性

他者を守り、思い
やり、満足させる

読書でマインドを
培う、学びを重
視

愛し愛されること
が必要。不安定

自尊心、周囲の
モチベーションを
高める

整理整頓と効率
性

コーディネーター
やまとめ役が上手

深い思索や調査
へと誘う

視野を広げて他
者から学ぶことを
教える

安全と信頼をもた
らす

依存的な執着な
しに他者を愛する
ことを教える

心の悩みを和ら
げ、サポートする

12サインとパラス

衝動的、迅速、
効率的だが無謀

忍耐強く長期的
な解決を求め、
穏やか

柔軟に対応し、
人が自力で解決
できるよう援助

家族の温かさと心
のサポートに集中

統率して他者を従
わせる

緻密な戦略に集中

公平で全体的な
解決法を探す

謎解きやオカルト
的な要素の発見
が得意

哲学的に考え、知
識を分かち合う

最善の方策が見
つかるまで、耐え
抜く

ユートピア的で実
験的な解決策を
求める

主観的な問題に
対して直感的な
解決を見出す

❀ 12 サインとベスタ ❀

活動的で、型にはまった行動には反対する

継続的で安定した努力

素早くアイデアを出す。ブレインストーミング、マルチタスク

包み込むような、感情的なプロセス

グループの統率と単独行動が得意

几帳面で厳格なプロセス

美と調和で完璧性を追及する

親密で深く、徹底的な仕事

真実を哲学的に模索し、妥協しない

コミットメントと献身、こだわり、野心

自由で創造的なプロセス。ある程度混沌としている

直感的で空想や想像力に富む

❀ 12 サインとジュノー ❀

はっきりとした性格で、意志の強いパートナーを求める

温かさと安定を与えてくれる人を求める

一つのところに収まらないマインドと、知性に惹かれる

伝統的な価値観と安定を高く評価する

憧れてくれる情熱的なパートナーを求める

安定していて信頼できるパートナーを強く求める

バランスと調和があり、容姿のよい人を求める

深い感情と、激しさを持つ人を求める

楽観的で元気がよく、冒険好きな人を求める

安定を与えてくれる人を求める

理想のパートナーは自立していて独創的

繊細で理想を掲げる人が好み

5. ハウス

西洋占星術では人生のさまざまなエリアを「ハウス」に当てはめて解釈します。わかりやすくするために、人生を12のエリアに分けて考えてみましょう。第1ハウスはアセンダントから始まる区画で、そこから第2ハウス、第3ハウスと一つずつ並んでいます。これから、それぞれのハウスの意味を解説します。P.154からはこれまでにご紹介した内容（サイン、ハウス、天体など）をすべてまとめて、出生図がどのようになるかを見てみましょう。

それぞれのハウスには意味があります。まず、第1ハウスは「自分とは何者か」というアイデンティティの感覚を表します。そこからハウスを追うごとに発展し、社会での居場所や仲間、恋愛関係などを経て、最後に最もスピリチュアルな領域を表す第12ハウスで終わります。では、順にたどってみましょう！

第1ハウス

第1ハウスは牡羊座とアセンダントに関連します。最初のハウスであり、私たちのアイデンティティの感覚や自己に対するイメージ、第一印象を表します。アセンダントは第1ハウスにあり、そこから度数が進むにつれて次のハウスへと順に移行します。第1ハウスに天体があれば、あなたの性格に対して大きな役割を演じるでしょう。とても目立つ形で表れます。

太陽が第1ハウス： 非常にポジティブな位置です。安定性と強い魅力が生まれます。幸運もついてくるでしょう。

月が第1ハウス： 感情の世界が豊かであり、人生に強い影響を与えます。ややシャイなところや内向的な傾向が生まれることがあります。

水星が第1ハウス： 知性の領域が目立って表れます。

金星が第1ハウス： 魅力があり、人から好かれることや恋愛での駆け引きを重視します。

火星が第1ハウス： 意志の強さが表れます。一つのことに集中し、好戦的になる場合もあります。

木星が第1ハウス： 集団の中で目立ちます。

土星が第1ハウス： 社会の中での承認欲求があります。そのために疎外感も得やすく、人目を気にする傾向があります。

天王星が第1ハウス： 人とは違う革新性を持つ変わり者のイメージです。社会に新たなインパクトをもたらします。

海王星が第1ハウス： スピリチュアルなことや潜在意識に対する感受性が鋭くなります。

冥王星が第1ハウス： 人生の中で重要な試練に見舞われますが、克服するでしょう。何度でも再起する能力が備わっています。

第2ハウス

第2ハウスは牡牛座に関連します。目標やゴールに到達するために必要な物質的、知的、社会的な資源にまつわることを表します。また資源の扱い方や几帳面さ、勤勉さなども読み取れるでしょう。ハウスに入っている天体や、ハウスのサインとあわせて解釈して下さい。複数の天体が第2ハウスに入っていれば、物質的なものへの執着があるかもしれません。

太陽が第2ハウス:	満足するためには金銭と物質の両面で一定レベルの安定を得ることが必要です。また、自己管理も課題となります。
月が第2ハウス:	ある程度の経済的な安定を得ると、感情面が安定します。
水星が第2ハウス:	実用的でビジネス向きのアプローチをします。
金星が第2ハウス:	金運や物質面で幸運に恵まれます。
火星が第2ハウス:	欲が深いか、目的意識が高く、短気で物質主義的です。
木星が第2ハウス:	物質的な成功をするには非常によい位置です。裕福になったり、大金を得たりすることが比較的容易です。
土星が第2ハウス:	倹約家で、金銭がなくなることを気にします。
天王星が第2ハウス:	人生において常に経済危機に見舞われ、安定を得ることが困難です。
海王星が第2ハウス:	物質に執着せず、人々と共有することを好みます。
冥王星が第2ハウス:	買いだめなどをして安心しようとする傾向があります。

第3ハウス

第3ハウスは双子座に関連します。きょうだいや友達、近所の人々など、身近な人たちとのコミュニケーションを表します。また、浅い人間関係を築くときのあり方や友人を作る能力、好奇心や興味をかき立てるものも示します。第3ハウスがパワフルな状態（多くの天体がこのハウスに入っている場合）は身近な人々とのネットワークが大切になるでしょう。

太陽が第3ハウス:	知識や読書、知性を通して自分の感覚を話すことが中心になります。
月が第3ハウス:	自分の気持ちをたやすく表現することができ、相手も感情を表しやすくなります。
水星が第3ハウス:	第3ハウスは双子座に属します。その支配星である水星にとって、第3ハウスは好ましいポジションです。コミュニケーションや学習が得意です。
金星が第3ハウス:	特に知的なレベルで人とうまく交流できます。恋愛ではメンタル面で刺激を感じる相手を好きになるでしょう。
火星が第3ハウス:	合理的な考え方を持ち、それが最も強い武器になります。
木星が第3ハウス:	仕事面でコミュニケーション能力が長所になるでしょう。
土星が第3ハウス:	誤解されることを恐れ、自分の気持ちが表現しづらい傾向があります。
天王星が第3ハウス:	斬新で独創的であり、素晴らしい創造性が発揮できます。
海王星が第3ハウス:	スピリチュアルで夢のような、繊細な感覚での創造力に影響します。
冥王星が第3ハウス:	秘密で謎めいた、兄弟愛のような関係を見出すことを大切にするでしょう。

第4ハウス

第4ハウスは蟹座に関連します。全般的には家族や伝統、価値観を表します。大人になると、このハウスはパートナー選びにおいて意味を持つようになります。というのも、第4ハウスはどのような人間関係が快適で安心できるかを示し、家族から受け取る親密さについての考えが表れるからです。第4ハウスがパワフルな状態（多くの天体がこのハウスに入っている場合）であれば、家族について何らかの重要性があることを示唆します。

太陽が第4ハウス： 自分の目的を見出そうとするときに、家族の大切さが浮き彫りになります。家族の遺産や価値観、先祖、あるいは自分が築いた家族などが関わってくるでしょう。

月が第4ハウス： よく知っている場所や伝統的な世界、慣れている場所が避難所のようになり安心するでしょう。そうした場所を文字通り表す場合も、スピリチュアルな意味合いの場合も、両方です。

水星が第4ハウス： 保守的な価値観を持つことが多いです。精神を培うために伝統を大切にします。

金星が第4ハウス： 親しみを通して愛情を示そうとし、人から信頼されて頼られる存在であろうとします。

火星が第4ハウス： 対立や衝突が起きると、自分と愛する人を守ろうとします。

木星が第4ハウス： 木星にとって非常によい位置です。家族の一員として溶け込み、家族の絆を大切にします。

土星が第4ハウス： 家族関係で対立がある可能性を示唆します。家族のもとを離れて独立する人もいるでしょう。

天王星が第4ハウス： 家族の中で、自分が何となくはみ出し者のような気がして孤立するか、あるいは距離を感じるかもしれません。

海王星が第4ハウス： 幼い頃に無性に戻りたくなったり、「昔のほうがよかった」と感じたりして自分を消耗する傾向があります。

冥王星が第4ハウス： 内輪の秘密を明らかにすることに興味を持ち、家系図や相続に関心を抱くことがよくあります。

第5ハウス

第5ハウスは獅子座に関連します。どのような人に魅力を感じ、どのように恋愛関係を結ぶかを表します。また、純粋さや内面の世界に加え、自分の価値の感じ方や価値の評価の表現方法も示します。第5ハウスがパワフルな状態（多くの天体がこのハウスに入っている場合）の人は魅力があるか、人に好かれることを重要視し、情熱的に話すでしょう。

太陽が第5ハウス： 太陽にとってよい位置です。カリスマ性と成功をもたらします。

月が第5ハウス： 若いときは特に、周囲から認められることに依存する傾向があります。自分の気持ちを感じづらく、自分の居場所がないような気がするかもしれません。

水星が第5ハウス： 人前で話す能力に長け、アイデアを熱く語って人々を惹きつけます。

金星が第5ハウス： かまってくれる恋人を求める傾向があり、他の天体との良好なアスペクトがなければうわべだけのお付き合いに留まりがちです。

火星が第5ハウス： 人に共感する力があり情熱的で、口論のときには激しく応戦することもあるでしょう。火星にとってパワフルな位置です。

木星が第5ハウス： 全般的に満足を感じやすく、仕事でもがむしゃらに頑張ることなく認められる、よいポジションです。

土星が第5ハウス： 承認欲求が満たされず、自分は取るに足らない存在ではないかと感じることが最大の不安になるかもしれません。

天王星が第5ハウス： やや複雑なポジションです。閉塞感を感じやすく、不満を持ちやすい傾向を示します。

海王星が第5ハウス： 空想や願望とリアリティとの折り合いをつけるのが難しく、やや混乱を感じるかもしれません。

冥王星が第5ハウス： 禁じられたことに情熱を見出しやすく、生涯をかけて何かに熱中できるような体験をするでしょう。

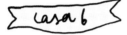

第6ハウス

第6ハウスは乙女座に関連し、二つの側面を表します。一つは自分が部下であるような従属関係（上司、従業員、序列）。もう一つはルーティンや日々の仕事、忍耐、健康、整理整頓、仕事時間などです。このハウスに入る天体は健康に影響を及ぼす習慣も表します。

太陽が第6ハウス：	充実した人生が送れますが、他の天体とのアスペクトがよくないと、野心に乏しく単調になりがちです。
月が第6ハウス：	決まったルーティンをこなすことに安全と安心を感じます。大きな起伏がなく、小さな物事や秩序によって日々を暮らしたいタイプです。
水星が第6ハウス：	目的に集中します。物事をまとめることや、文書によるコミュニケーションが得意です。
金星が第6ハウス：	感情的な絆を結ぶために、毎日愛情を求めるでしょう。激しい情熱に対しては動揺し、不安定になります。
火星が第6ハウス：	毎日の仕事に集中力を注ぎ、努力と献身を惜しみません。
木星が第6ハウス：	素晴らしい奉仕の精神があり、目標に到達するまで努力を続けます。
土星が第6ハウス：	安定が揺るがされたり、予測がつかない出来事が起きたりすることに対して、不安を感じやすいでしょう。
天王星が第6ハウス：	人間関係においても職場においても忍耐力が続かず悩む可能性があります。
海王星が第6ハウス：	献身と自己犠牲の精神で人の役に立とうとします。
冥王星が第6ハウス：	トラブルに見舞われても不屈の精神で立ち上がる力があります。

第7ハウス

第7ハウスは天秤座とディセンダントに関連し、関係性や協同作業、コミットメントの仕方を表します。第1ハウスが「私」についての感覚を示すのに対し、第7ハウスは「私たち」を示すのです。この関係は仕事や感情、また、法律的な関係でもあるでしょう。人間関係を維持する能力も表します。

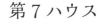

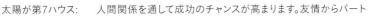

太陽が第7ハウス：　人間関係を通して成功のチャンスが高まります。友情からパートナーシップが芽生えることもよくあります。

月が第7ハウス：　調和がとれてバランスがある人間関係を結ぶと安心できます。美的な感覚の釣り合いと、環境の心地よさも大切にします。

水星が第7ハウス：　誰もが合意できるよう、力を注いで働きます。

金星が第7ハウス：　ロマンチックな関係を好みます。

火星が第7ハウス：　対立が起きると正義を第一に掲げるでしょう。

木星が第7ハウス：　金運や仕事運に恵まれますが、守ってくれる人々とのネットワークを常に頼りにします。

土星が第7ハウス：　人間関係でやや度を超す傾向があるかもしれません。

天王星が第7ハウス：　他の人々との間に、斬新で驚くような方法で絆を結びます。

海王星が第7ハウス：　赦しや癒しがある深い恋愛関係を結ぶ力があり、味方についてくれる人々には同じように恩恵をもたらします。

冥王星が第7ハウス：　禁じられた関係で波乱を起こし、大きな変化を体験することがあります。

第8ハウス

第8ハウスは蠍座に関連します。超自然的なものや神秘性、タブー、深い分析を示します。このハウスに入った天体はみな蠍座のニュアンスを帯びます。その天体が示す分野で深い変容のプロセスが起き、直感や秘密や謎とも関わりが生まれます。他の人の資産との関係も示唆されます（自分の資産を示唆する第2ハウスとは正反対です）。

太陽が第8ハウス：	多くの試練を体験します。スピリチュアルな事柄や死に関心を抱く傾向があります。
月が第8ハウス：	親密な人間関係を多く求め、変化するエネルギーもたくさん持っています。両親、特に母親との間に衝突があるかもしれません。
水星が第8ハウス：	情報を失ったり、誤解がしばしば生じたりするかもしれませんが、調査をする能力が高く、物事を掘り下げます。
金星が第8ハウス：	嫉妬や独占欲などからおおげさに自己をアピールして周囲と衝突する可能性があります。愛する人と一体化するような感覚を求めます。
火星が第8ハウス：	自己に対する感覚が鋭く、器用です。やりくりがうまく、我慢強さもあるでしょう。
木星が第8ハウス：	相続や結婚などで不労所得を得る傾向があります。金銭の管理能力も高いでしょう。
土星が第8ハウス：	年を重ねるとスピリチュアル的な穏やかさに喜びを感じるでしょう。人生の中で素晴らしいステージに到達できます。
天王星が第8ハウス：	超常現象への興味を示す配置です。
海王星が第8ハウス：	夢と現実、生と死の境界にまつわるスピリチュアル性を示す配置です。
冥王星が第8ハウス：	本質に深く迫るスピリチュアルな変容を体験するでしょう。

第9ハウス

第9ハウスは射手座に関連します。このハウスは全般的に、遠くにあるものを表します。旅行や海外からの視点、外国の人々との交流や人生の意味の模索などです。第3ハウス（身近なところを表す双子座と関連するハウス。P.144をご覧下さい）とは正反対の位置にあります。出生図でこのハウスがパワフルな状態（多くの天体がこのハウスに入っている場合）なら、高度な知識や叡智の探求が人生の原動力になるでしょう。

太陽が第9ハウス：	旅行、または生まれた土地を離れて暮らす傾向があります。また、遠く離れた土地や文化に興味を抱きます。
月が第9ハウス：	のびのびとして自由でいることと、スピリチュアルな探求を求めます。
水星が第9ハウス：	哲学やスピリチュアルな領域での学びを求め、異国の教えにも関心を持つでしょう。
金星が第9ハウス：	スピリチュアルな面においては外国人や、遠く離れた場所に住む人のほうを身近に感じます。
火星が第9ハウス：	物理的にも精神的にも視野を広げようとする衝動があります。
木星が第9ハウス：	精神的な豊かさを富と捉えます。
土星が第9ハウス：	信念が大きく揺らぎ、人生の意味を模索するときが頻繁に訪れますが、なかなか答えが見出せないことも多いかもしれません。
天王星が第9ハウス：	驚くような体験を求めて旅に憧れ、理想を描きます。
海王星が第9ハウス：	実現不可能に思えるような理想の世界を思い描き、そこで暮らすことを望む傾向があります。
冥王星が第9ハウス：	精神を深く探求し、宗教やスピリチュアルな教えを幅広く吸収し、旅もして、自分なりの信念を培います。

第 10 ハウス

第10ハウスはMC（中天）と山羊座に関連します。私たちの満足度や目標を達成する能力、社会での役割を表します。このハウスにある天体は、どのように頑張ればゴールにたどり着き　満足できるかを教えてくれます。

太陽が第10ハウス：	経済的な豊かさと社会的地位を求めて努力します。人生の中で見通しがあまりよくないものは二の次になるでしょう。
月が第10ハウス：	心の安定のために富と社会的地位を求めます。水星が第10ハウスなら、はっきりと目的を意識し、機敏できちんとしています。
水星が第10ハウス：	はっきりとした目的意識と注意力があり、まとまりのある思考ができます。
金星が第10ハウス：	付き合い始めるときに相手のステイタスを見て、冷静に値踏みします。ロマンチックな雰囲気に流されにくいタイプです。
火星が第10ハウス：	やる気があり、出世のはしごを登ることに集中します。合理的に目標に向かう性質です。
木星が第10ハウス：	木星にとって非常によいハウスです。財運もあり、社会的によい地位につきます。
土星が第10ハウス：	評判を落としたり、嘲笑されたり、金銭的な損失をしたりするのを恐れがちです。
天王星が第10ハウス：	天性の魅力や個性があるため、リーダーとして社会を変革したり、新しい状況を作り出したりするのに向いています。
海王星が第10ハウス：	洗練された生活をしますが、どこか放浪癖のような面もあり、いろいろな芸術を好む傾向もあります。どちらかというと、少し気取っている感じもあるかもしれません。
冥王星が第10ハウス：	生まれつきパワフルで野心的な性格です。権力を手にするために、モラルの面できわどいことをする傾向もあります。

第11ハウス

第11ハウスは水瓶座に関連します。自分よりも大きなものへの帰属意識や、変容と影響を促す社会での居場所の感覚などを表します。集団の中での影響力を表すハウスですが、それは身近なグループではなく、もっと大きな社会的集団を指します。第11ハウスがパワフルな状態（多くの天体がこのハウスに入っている場合）なら、新しい変化を巻き起こす能力を使って社会にインパクトを与えることができるでしょう。

太陽が第11ハウス： グループや集団、社会で輝く人です。

月が第11ハウス： 仲間と共に盛り上がることや、強い気持ちを共有することを求めます。

水星が第11ハウス： コミュニケーションや革新性、芸術の面で才能があります。

金星が第11ハウス： 独立心に富む一方、人間関係に知的な刺激を求めます。

火星が第11ハウス： 自分らしくて独特な自己表現をし、グループ全体にインパクトを与えます。

木星が第11ハウス： 力のある人々との交流によって成功を確実にするでしょう。

土星が第11ハウス： グループに属している感覚が得にくく、孤立しがちです。

天王星が第11ハウス： 独創的で特別な持ち味があり、変わっているため、人の目に止まります。

海王星が第11ハウス： 自分を特別視しているため、特別な人々とつながろうとします。

冥王星が第11ハウス： 現実に適応できずに苦労します。感情的に落ち込むこともあるかもしれません。

第12ハウス

第12ハウスは魚座に関連し、すべてのハウスの中で最も精神性や霊性が高いハウスです。マインドや霊魂、集合的無意識、超自然的な領域に対応します。感受性が非常に高い領域であるため、恐れや不安、境界線にまつわる問題をはじめ、犠牲に関すること、霊的に結合することに関するものが広く表れます。このハウスにある天体はとても繊細であり、不安定なニュアンスを帯びます。

太陽が第12ハウス：	悲しみや孤独、やりきれない思いといった面に影響がうかがえるときがあります。
月が第12ハウス：	他者に尽くそうとすると苦しくなり、内面に夢のような世界を作って心のやすらぎを得ようとします。
水星が第12ハウス：	コミュニケーションが混乱しがちな反面、精神世界や抽象的な事柄を知覚する能力があります。
金星が第12ハウス：	孤独を求め、一人でいる時間を持とうとします。シャイで内気であるため、個人的に深い人間関係を築くのは苦手です。
火星が第12ハウス：	個人主義で独立心が旺盛であり、感受性や直感も優れています。
木星が第12ハウス：	木星の守護の力により、このハウスの精神性の極端な面から守られます。
土星が第12ハウス：	自主性と集団に溶け込むこととのバランスが保てます。第12ハウスのスピリチュアルな性質が土星の恐れを中和します。
天王星が第12ハウス：	周囲に誤解され、孤立することがよくあります。
海王星が第12ハウス：	豊かな内的世界をたやすく現実世界で具現化できるでしょう。霊感や芸術的な能力にも長けています。
冥王星が第12ハウス：	精神や潜在意識において、最も深くて直感的になる配置です。おおやけには語られないような、謎めいた事象を深く追究する資質も示します。

6. 出生図

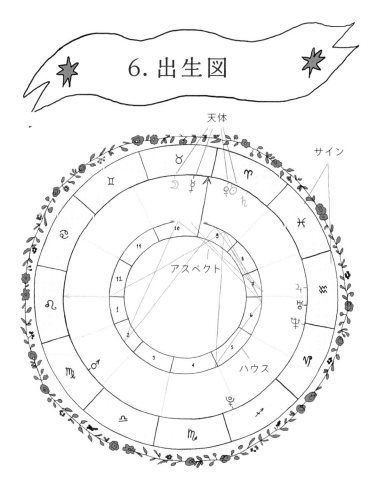

これまで、出生図の要素を一つずつ眺めてきました。この知識を活かして、出生図を解釈しましょう。出生図とは、人が生まれた時刻と場所に従って、その瞬間の天体の配置を示す地図であり、誕生時のエネルギーを表します。

サイン：円の縁に、それぞれのサインのシンボルが描かれています。
天体：シンボル（☽、♂、☿など）がサインとハウスの区画の間に描かれ
　　　ています。
ハウス：西洋占星術において、人生の12の領域を示す区画。内側の円
　　　　に番号で示されています。

こうして円にしてみるとアスペクトがはっきりと見えます（天体同士を線でつないで表しています）。これらの角度が有利に働くか、不利に働くかを見ながら、天体同士の関係を解釈します。初めて出生図を作る人はインターネットでホロスコープが作成できるサイトを探してみましょう。生まれた日と時刻、場所を入力すると図ができ上がります。

アスペクト：天体間の角度

アスペクトとは、天体同士が作る角度のことです。ポジティブで調和がとれたアスペクトでは、それらの天体が協力的に働き、満足をもたらす傾向が生まれます。一方、緊張を生むアスペクトでは、それらの天体が示す領域に困難を感じます。出生図ができたら分度器で測ってみて下さい。以下に挙げるアスペクトが最も注目されます。

コンジャンクション（合）

○─ 0°

二つ以上の天体が非常に接近し合っているときです（0°から10°の間）。同じサイン内で近いところにある場合も含みます。天体同士がうまく協働できるアスペクトです。

ステリウム

三つ以上の天体が同じサインにある場合です。エネルギーを高めます。集まる天体が多いほど、そのサインの特徴が濃く出ます。「すごく魚座っぽいね！」と言われて「ええ、魚座にステリウムがあるからね」というように。

セクスタイル

✳ 60°

約60°の角度をセクスタイルと呼びます。友好的なアスペクトです。天体同士のコミュニケーションや調和を表し、効率よく作用するでしょう。

スクエア

□ 90°

二つの天体が90°を作る、強くて緊張に満ちたアスペクトです。天体同士のエネルギーの衝突が激しいため、自分の中で折り合いをつける必要があります。

トライン

△ 120°

二つの天体が120°を形成するのがトラインです。大きな恩恵を示す角度であり、二つの天体が調和的に穏やかに協働します。非常にパワフルになる場合もあります。

クインカンクス

⊼ 150°

クインカンクスは天体同士が150°を作る場合です。通常は思いつかないような要素を、意外でダイナミックな方法で結びつけます。

オポジション（衝）

○○ 180°

二つの天体が180°で向かい合うアスペクトです。双方が戦うパワフルな角度であるため、同化させるのに苦労するかもしれません。恐れや不安も生み出します。

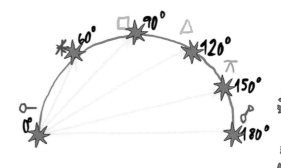

円を四等分して天体の配置に
偏りがあるかどうか見てみましょう。
以下のようなパターンが存在します。

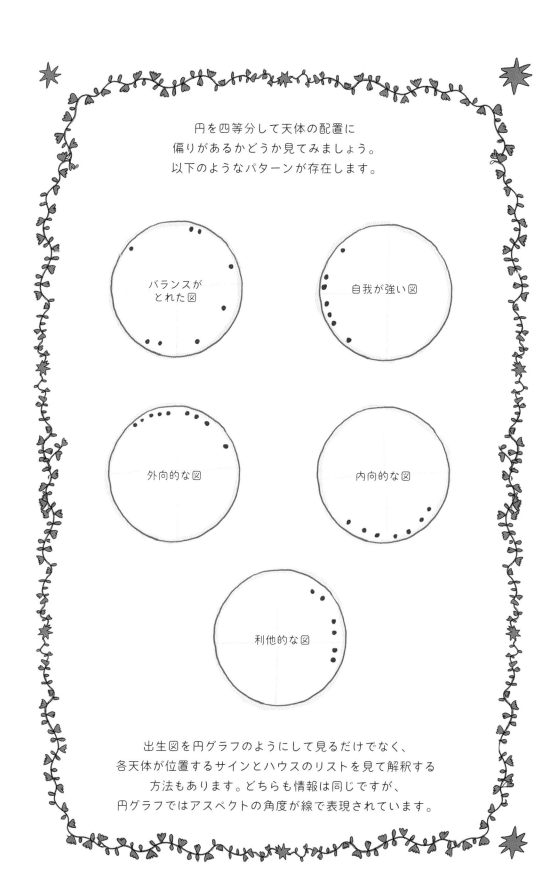

出生図を円グラフのようにして見るだけでなく、
各天体が位置するサインとハウスのリストを見て解釈する
方法もあります。どちらも情報は同じですが、
円グラフではアスペクトの角度が線で表現されています。

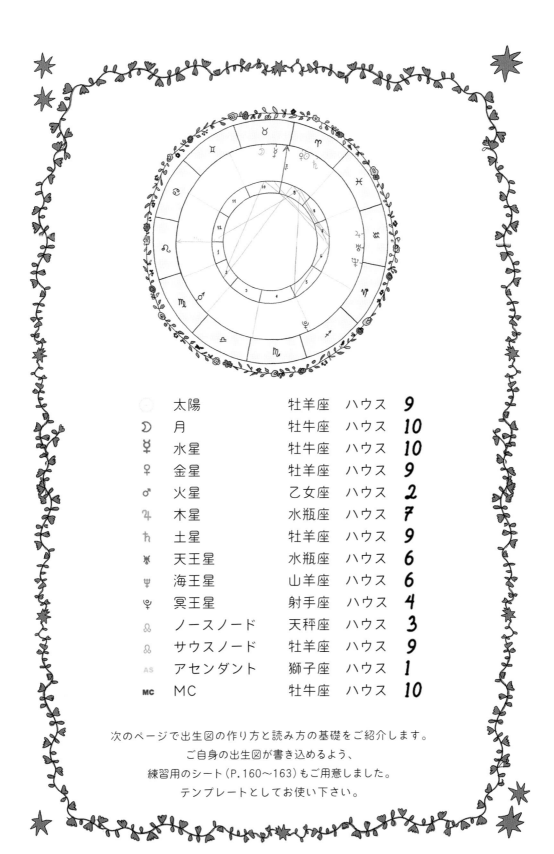

☉	太陽	牡羊座	ハウス **9**
☽	月	牡牛座	ハウス **10**
☿	水星	牡牛座	ハウス **10**
♀	金星	牡羊座	ハウス **9**
♂	火星	乙女座	ハウス **2**
♃	木星	水瓶座	ハウス **7**
♄	土星	牡羊座	ハウス **9**
♅	天王星	水瓶座	ハウス **6**
♆	海王星	山羊座	ハウス **6**
♇	冥王星	射手座	ハウス **4**
☊	ノースノード	天秤座	ハウス **3**
☋	サウスノード	牡羊座	ハウス **9**
AS	アセンダント	獅子座	ハウス **1**
MC	MC	牡牛座	ハウス **10**

次のページで出生図の作り方と読み方の基礎をご紹介します。
ご自身の出生図が書き込めるよう、
練習用のシート（P.160〜163）もご用意しました。
テンプレートとしてお使い下さい。

出生図の作り方と読み方

練習として、あなたと、家族または
友達の出生図で以下のエクササイズをしてみましょう。

1 インターネットでホロスコープ作成サイトを見つけてデータを入力します（名前と誕生日、生まれた場所、生まれた時刻）。

2 本書のP.160に同じ情報を書き込みます（名前と誕生日、生まれた場所、生まれた時刻）。

3 アセンダントのサインのシンボルを円の外側の枠に書き込み、その内側の枠を第1ハウスとして、順に12サインとハウスを書いていきます。

4 作成サイトで得た天体のサインとハウスをメモします。

5 では、天体を書き込んでいきましょう。それぞれのサインは30°で区切られています。練習のために、天体のシンボルをできるだけ実際の角度に合わせて書き込みましょう（前のページの例を参考にして下さい）。やり方がよくわからない場合はインターネットのサイトで作成した図を見ながら次のステップに進んでもかまいませんが、それぞれの天体の位置をよく見ておきましょう。

6 それぞれの天体がどのハウスとサインに位置するかをP.160の左下のリストに記入して下さい。複数の天体が集まっているサインはありますか？ どの天体も入っていないハウスはありますか？ 複数の天体が入っているハウスはありますか？ 気づいたことをメモして、どのような意味があるかを書きましょう（テンプレートの次のページにメモ欄があります）。ハウスやサイン、天体の意味が思い出せなくても心配は要りません。該当するページを見直して確認して下さい。

7 最後にアスペクトを見ます。定規と分度器を使って下さい。よく削った先端の尖った鉛筆で天体同士を結ぶ線を引いてみましょう。内側のハウスの円を通る線が引けたら、天体同士にアスペクトがあるということです（P.154の図を参考にして下さい）。それらがどのようなアスペクトなのかを調べましょう（コンジャンクション、セクスタイル、オポジションなど）。

★　アスペクトの意味を知るには　★

a アスペクトを作っている天体を見て、それらが扱う領域と、どのハウスに位置しているかを見ます。

b アスペクトが示唆することを当てはめて考えます。

c それぞれの天体の間でどのようなダイナミクスが働くかを考えてメモしましょう。

8 出生図を全体的に眺めてみましょう。火・地・風・水の要素の中で、特に多くエネルギーが表れているものはありますか？ スクエアの角度をとる天体は多いですか？ あなたなりに解釈をし、友達の出生図でも同じようにしてパターンを探してみましょう。試行錯誤を重ね、直感も働かせて下さい。

出生図

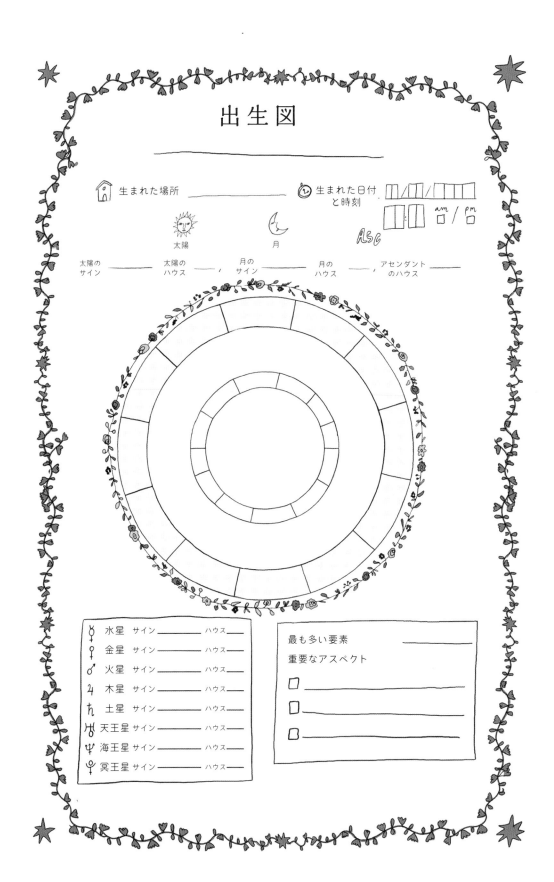

生まれた場所 _____

生まれた日付 と時刻 ☐☐/☐☐/☐☐☐☐   ☐☐:☐☐ am / pm

太陽   月   ASC

太陽の サイン _____   太陽の ハウス _____   月の サイン _____   月の ハウス _____   アセンダント のハウス _____

☿ 水星 サイン _____ ハウス _____
♀ 金星 サイン _____ ハウス _____
♂ 火星 サイン _____ ハウス _____
♃ 木星 サイン _____ ハウス _____
♄ 土星 サイン _____ ハウス _____
♅ 天王星 サイン _____ ハウス _____
♆ 海王星 サイン _____ ハウス _____
♇ 冥王星 サイン _____ ハウス _____

最も多い要素 _____
重要なアスペクト

☐ _____

☐ _____

☐ _____

解釈のメモ

出生図

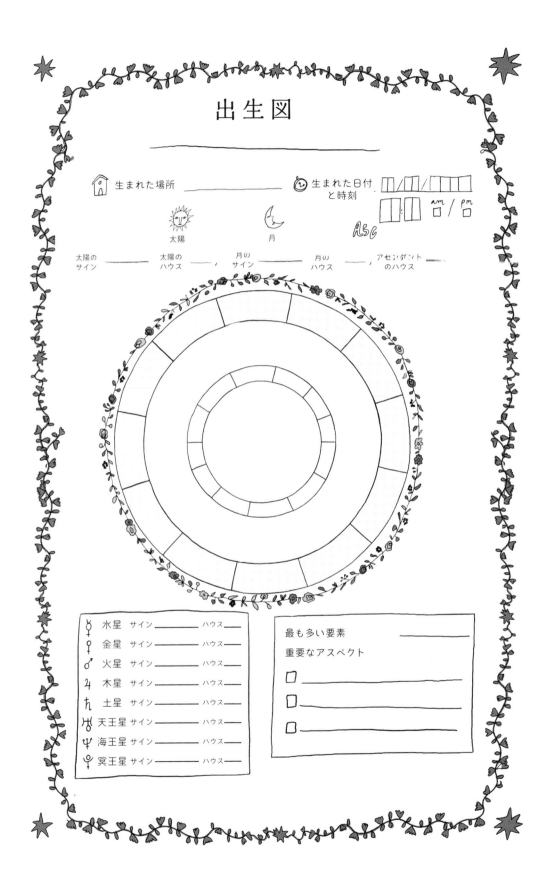

🏠 生まれた場所 ＿＿＿＿＿＿＿＿

😊 生まれた日付 □□/□□/□□□□
と時刻 □□:□□ am / pm

☀ 太陽

🌙 月

ℛℴℂ

太陽の ＿＿＿＿ 太陽の ＿＿＿＿ , 月の ＿＿＿＿ 月の ＿＿＿＿ , アセンダント ＿＿＿＿
サイン ハウス サイン ハウス のハウス

☿	水星	サイン ＿＿＿	ハウス ＿＿
♀	金星	サイン ＿＿＿	ハウス ＿＿
♂	火星	サイン ＿＿＿	ハウス ＿＿
♃	木星	サイン ＿＿＿	ハウス ＿＿
♄	土星	サイン ＿＿＿	ハウス ＿＿
♅	天王星	サイン ＿＿＿	ハウス ＿＿
♆	海王星	サイン ＿＿＿	ハウス ＿＿
♇	冥王星	サイン ＿＿＿	ハウス ＿＿

最も多い要素 ＿＿＿＿＿＿
重要なアスペクト

☐ ＿＿＿＿＿＿＿＿＿
☐ ＿＿＿＿＿＿＿＿＿
☐ ＿＿＿＿＿＿＿＿＿

解釈のメモ

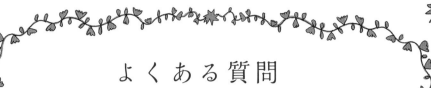

よくある質問

Q　双子の場合はどうなりますか？

前にも少し触れましたが（P.16）、双子の出生図は正反対の補完の関係を考慮に入れます。シンプルな見方としては、まず通常通りに出生図を作成します。天体やハウスをリストアップし、次に、それぞれを補完するオポジションのサインを付け加えて下さい。

例えば：　　双子1　太陽：牡牛座　　月：獅子座
　　　　　　双子2　太陽：蠍座　　　月：水瓶座

他の天体も同様に、反対側にあるサインを書き出します。

どちらがどちらになるかは、本人である双子の二人ならすぐにわかるでしょう。このように双子の間で補完的なエネルギーが生まれるのは、互いに性格が異なるように見えたとしても、一つのコインの裏表のように表裏一体だからです。双子の人生がちぐはぐに分かれることが少ないのも、こうした理由からです。

Q　パートナーと私の太陽のサインの相性はよくありません。別れたほうがよいのでしょうか？

もちろん別れる必要はありません！　太陽のサインが「合わない」のはたいした問題ではありません。本当の相性を調べるには、二人の出生図を見ることです。お互いの金星と金星、火星と火星の位置を調べましょう。それらの天体が位置するサイン同士の相性もこの本でご紹介していますから、取り入れてみて下さい。

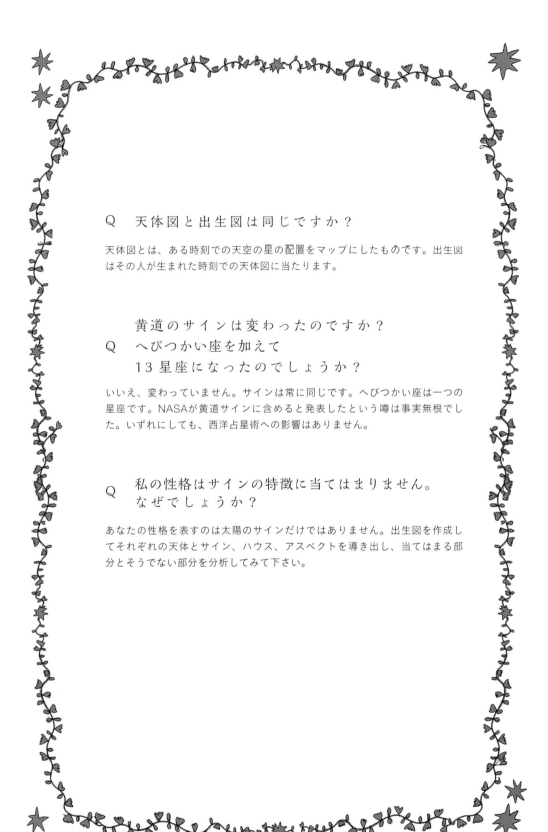

Q　天体図と出生図は同じですか？

天体図とは、ある時刻での天空の星の配置をマップにしたものです。出生図はその人が生まれた時刻での天体図に当たります。

黄道のサインは変わったのですか？
Q　へびつかい座を加えて
　13星座になったのでしょうか？

いいえ、変わっていません。サインは常に同じです。へびつかい座は一つの星座です。NASAが黄道サインに含めると発表したという噂は事実無根でした。いずれにしても、西洋占星術への影響はありません。

Q　私の性格はサインの特徴に当てはまりません。
　なぜでしょうか？

あなたの性格を表すのは太陽のサインだけではありません。出生図を作成してそれぞれの天体とサイン、ハウス、アスペクトを導き出し、当てはまる部分とそうでない部分を分析してみて下さい。

占星術は、世界と私たち自身を理解するために

大昔から使われてきました。

とても奥が深く、

いろいろな考えや発見を与え続けてくれるツールです。

この本では、ごく基本的な情報をご紹介しました。

西洋占星術が織りなすうつくしい世界の入門書として、

お楽しみいただけたならうれしいです。

どうぞこれからも、素晴らしい学びを続けていただけますように。

カルロッタ

Carlota

Carlota Santos © AlexctIv.jpg

Carlota Santos

著者紹介

カルロッタ・サントス

スペイン在住のイラストレーター。2020年よりInstagram（@carlotydes）で、西洋占星術に関するさまざまな題材について、独自の感性とユーモアに溢れたイラストを公開。いきいきとした語り口で占星術の世界を伝えて世界中でフォロワーを集め、この分野でスペインでも絶大な人気を誇る。本書『Constelaciones:Guía ilustrada de astrología』はスペインでベストセラーとなり、アメリカ、フランス、イタリア、ドイツなど6か国で好評を博す。

本書内容に関するお問い合わせについて

このたびは翔泳社の書籍をお買い上げいただき、誠にありがとうございます。弊社では、読者の皆様からのお問い合わせに適切に対応させていただくため、以下のガイドラインへのご協力をお願い致しております。下記項目をお読みいただき、手順に従ってお問い合わせください。

●ご質問される前に
弊社Webサイトの「正誤表」をご参照ください。これまでに判明した正誤や追加情報を掲載しています。

正誤表　https://www.shoeisha.co.jp/book/errata/

●ご質問方法
弊社Webサイトの「書籍に関するお問い合わせ」をご利用ください。
書籍に関するお問い合わせ　https://www.shoeisha.co.jp/book/qa/

インターネットをご利用でない場合は、FAXまたは郵便にて、下記"翔泳社　愛読者サービスセンター"までお問い合わせください。
電話でのご質問は、お受けしておりません。

●回答について
回答は、ご質問いただいた手段によってご返事申し上げます。ご質問の内容によっては、回答に数日ないしはそれ以上の期間を要する場合があります。

●ご質問に際してのご注意
本書の対象を超えるもの、記述個所を特定されないもの、また読者固有の環境に起因するご質問等にはお答えできませんので、予めご了承ください。

●郵便物送付先およびFAX番号
送付先住所　〒160-0006　東京都新宿区舟町5
宛先　　　　（株）翔泳社　愛読者サービスセンター
FAX番号　　03-5362-3818

訳者紹介

シカ・マッケンジー

関西学院大学社会学部卒業。フリーランスの通訳者、翻訳者。
ロサンゼルスで俳優活動後、東京俳優・映画＆放送専門学校
勤務。2020年にフロリダ州認可単科大学 Barbara Brennan
School of Healing プロフェッショナルスタディーズ課程修了。
現BHSブレナンヒーリングサイエンスプラクティショナー。陸
上自衛隊予備自衛官。文化庁日本文学普及事業作品『The
Tokyo Zodiac Murders』（英訳、共訳）、フィルムアート社『ヒ
ロインの旅』（M・マードック著、2017）『クリエイターのため
の占星術』（C・ケナー、2015）の他、手掛けた翻訳書は多数。
占星術やタロットを使用した演技指導や脚本執筆のアドバイス
も行う。

デザイン　　近藤みどり

編集　　　　二橋彩乃

うつくしい
西洋占星術の世界
12星座とホロスコープに秘められた物語

2023年10月6日　　初版第1刷発行
2023年11月20日　　初版第2刷発行

著者　　　　カルロッタ・サントス
訳者　　　　シカ・マッケンジー
発行人　　　佐々木 幹夫
発行所　　　株式会社 翔泳社（https://www.shoeisha.co.jp）
印刷・製本　株式会社 シナノ

ISBN 978-4-7981-8074-8
Printed in Japan